清末民權思想的發展與歧異

——以何啓、胡禮垣為例

許 政 雄 著

文 史 哲 學 集 成
文史哲出版社印行

清末民權思想的發展與歧異：以何啓、胡禮垣為例 / 許政雄著 -- 初版 -- 臺北市：文史哲,民 99.11 印刷
頁； 公分（文史哲學集成；251）
參考書目：頁
ISBN 978-957-547-102-6 (平裝)

078

文史哲學集成 251

清末民權思想的發展與歧異
—以何啓、胡禮垣爲例

著者：許政雄
出版者：文史哲出版社
http:// www.lapen.com.tw
e-mail：lapen@ms74.hinet.net
登記證字號：行政院新聞局版臺業字五三三七號
發行人：彭正雄
發行所：文史哲出版社
印刷者：文史哲出版社
臺北市羅斯福路一段七十二巷四號
郵政劃撥帳號：一六一八〇一七五
電話886-2-23511028・傳真886-2-23965656

實價新臺幣二六〇元

中華民國八十一年（1992）九月初版
中華民國九十九年（2010）十月 BOD 初版一刷

ISBN 978-957-549-102-6 00251

何啟先生像㈠

何啟先生像㈡

何啟先生像㈢

何啟先生之首任夫人雅麗氏

胡禮垣先生像

何啟先生像㈣箭頭所指處，此為香港立法局全體工作人員合照

何啟先生之墓（在香港）

雅麗氏紀念醫院

整合擴建後的雅麗氏、何妙齡、那打素醫院

自序

大學時代的思想史課程是我對近代中國思想史產生興趣的開端。原因是，在激烈變動的近代中國裡，對於近代中國思想史做全面整理且能有客觀敍述的大作實在不多，當然此中涉及諸多因素，包括種種政治環境的限制及對人物評價認知的不同。尤其是，晚清以來的「民權思想」，其發展與流程的始末一直倍受關注。

四年多前，我負笈日本東京大學，在佐藤愼一先生的指導下，有機會對近代中國思想史上的一些問題做研究，例如對於保守主義、自由主義、自由、民權……等等問題，在仔細閱讀思想家的原著及前人研究的成果後，對這些問題也稍有了解。兩年前我移籍東京學藝大學，在中村義先生的指導下，接續者先前所作的研究。尤其以近代中國思想人物何啓、胡禮垣爲中心的研究，也成爲我碩士論文的題目。

本稿主要是以十九世紀末葉香港出身的知識份子何啓與胡禮垣爲中心，希望從兩人著作中的民權思想部分，去了解他們民權思想的內容，以及和同時代國內知識份子和洋務官僚的民權思想作比較，從彼此間的差異去解說民權思想在近代中國思想潮流裡，尤其是清末的變法改良運動及革命運動之間的變動軌跡。

本稿第一章，簡述香港近代發展的過程，進而導引出香港殖民地社會知識份子特有的個性，兼及何啓及胡禮垣的生平介紹。

第二章，就前人對何、胡兩人的研究業績加以探討，並歸納出以下的要點，即：⑴何啓和香港社會的關係。⑵何啓、胡禮垣和中國革命的關係。⑶關於兩人思想的研究。⑷殖民地知識份子的研究等四點。各點分別以一節的篇幅將前人的研究成果一一分析檢討，進而導出拙稿研究的重心。

第三章，以何啓及胡禮垣民權思想的內容和特色爲中心。主要以兩者所著的《新政眞詮》爲立論的依據，首先對《新政眞詮》成立的時代及版本作探討說明，次就此書的內容及思想的展開作論述。最後將兩人民權思想的內容及特色加以整理及論說。

第四章主要是以兩人和當時國內知識份子及洋務官僚間的論爭爲重心。這主要包括何、胡兩人和曾紀澤、康有爲及張之洞之間的論戰。經由彼此間對民權觀念及當時如何改革中國的政策上的爭議可以看出，彼此立場及觀點上的差異，從此可以看出近代中國社會如何去認識民權思想及如何取捨以適應中國的國情。

結論部份，將全文的內容加以摘要整理，兼以嚴復的思想爲例，來說明兩者在近代中國思想史上的特色，並對他們的民權思想給予歷史上的定位和評價。

這本小書是筆者幾年來在日本學習的心得，限於個人的學淺才疏，很多問題沒有能整理解答出來，期望學界先進及同好能多賜予指導。在此，我想感謝東京大學及東京學藝大學的師友們，特別是佐藤愼一、中村義及馬淵貞利三位先生，他們一直長期的給我指導及照顧。另外，東洋文庫東亞細亞研究中心的師友，尤其是大井剛先生，長期來一直不斷的給我指正及幫忙，再此深表感謝。此外，我在臺灣的師友，尤其是林慶彰老師，自我大學時代以來一直對我的鞭策及教誨，使我受益良多。還有在物質及精神上一直提供我最優厚條件的我的父母及兄姊和家人們，長期的對我的支持，使我不知何以爲報，這本小書算是對他們的一個小小的交代。

許政雄謹識於東京學藝大學

一九九二年一月

清末民權思想的發展與歧異——以何啓、胡禮垣爲例　目次

第一章　序論

第一節　引言

一八四〇年的中英鴉片戰爭，導致了近代中國激烈的變動。英國人於一八四一年一月二十五日佔領了香港島，隨後在一連串軍事勝利後，迫使大清帝國於一八四二年簽定南京條約，正式將香港割讓給英國人。此後，第一任香港總督樸鼎查（Sir, H. Pottinger）於一八四二年二月六日宣布香港爲一自由港，一八四三年四月五日在英國女皇維多利亞的敕許下成立了行政會議及立法會議。當時的香港在衛生狀況十分惡劣、天災疾病流行，海盜、强盜殺人頻出的惡劣環境下，在一八四四年至一八四八年繼任總督（Sir, Davis）的努力下逐漸好轉。隨後，中國本身的內亂（太平天國之亂），使大量的難民湧入香港。又經過兩次英法聯軍（亞羅船事件）的洗禮；一八六〇年十月二十四日大清帝國又將九龍半島的一角割讓給英國，香港殖民地的領土也大致形成。

一八六〇年至一八六五年間，在當時總督Sir, H. Robinson的努力下，一切市政的建設有著顯著的進步。例如：郵局隸屬於政廳（即從本國管理下分離出來）、教育局下新設的中央學校（即皇仁書院），下水道、道路、公園等的整備，加上商業的發展，一切欣欣向榮。（註一）原本在一八四一年還是一個四千多人的漁村，在十九世紀末葉，已經發展成有二十八萬人以上的城市。當然在這裡的人主要是來自中國。（註二）這裏的知識份子，接受英國人的保護和領導，受的又是西方科學文化的教育，但卻保有中國傳統文化心理，這使他們的性格和意識，與國內的知識份子大不相同。這些精英的知識分子跟教會又有非常密切的關係，例如一八四六年在教會的資助下容閎到美國留學，一八六二年王韜幫助倫敦教會的理雅各翻譯中國經典，並遊歷英倫及西歐，後來在香港創立《循環日報》等，都是明顯的例子。又如本文的研究對象之一的何啓，他的父親——何福堂牧師即是英國倫敦教會在華的傳教牧師。

這些與教會關係密切，且接受近代西方資本主義洗禮的殖民地知識份子，他們因地理條件和人文背景的特殊性所形成的改良思想，確與國內傳統知識份子出入甚大。也因此，他們的思想才有必要作進一步的研究。

現在就直接來介紹本課題的研究對象—何啓和胡禮垣。以下兩節先敘述何啓和胡禮垣的生平，第二章則檢討前人的研究成果，第三章以後，才逐漸分析其思想的內容與特色。

第二節　何啓的生平

何啓和胡禮垣，在近代中國思想史上一直是被同時提起的。主要是何啓所寫的英文著作，留傳於世的，特別是有關中國改革思想的論文，多半由胡禮垣翻譯成中文，當然在翻譯的過程中亦加入胡氏自己的意見，所以現行留傳於世的兩人共著文集《新政眞詮》就是在這種情況產生的，故兩人的思想一般皆當作一種思想來看待。但是，這種思想的啓蒙和原發者應該是何啓，這是我們要研究這一主題之前應有的認識。

何啓，一八五九年三月二十一日生於香港，字沃生（意即健壯的成長、或碩學的學者），原籍廣東南海縣西樵村（和康有爲是同鄉），父親叫何福堂，是英國倫敦基督教傳道會中的第二位華人牧師。一八七〇年十一歲時入香港皇仁書院（The Government School）一八七二年畢業。在一八七〇年時，他和胡禮垣認識，往後成爲莫逆之交。他於一八七二年赴英國留學，先入巴爾美學校（The Palmer School），一八七五年九月入鴨巴甸大學（The Aberder University）開始學習醫學，一八七九年獲M.B.C.M.（Medicinae Baccalaureus Chirurgiae Baccalaureus）的學位，即Bachelor Mechicine Master of Surgeory ，成爲正式的外科醫生。並在倫敦的St. Thomas Hospital工作，不久他又通過Royal College of Surgeons of London的考試，同時擁有L. R. C. P.（Licentiate of the Royal College of Physicians）和M. R. C. S.（Member of the Royal College of Surgeons）的資格。同時，他又進入林肯法學院（Lincoln's inn）就讀法律。他之所以去學法律，可能與他後來的妻子Alice Walkden的鼓勵有關，Alice和何啓是一八七九年相識的，她年長何啓七歲，他們於一八八一年結婚，這一年何啓並取得了律師的資格。

他們於一八八二年一起回到香港（註三）。不久，何啓即被任命爲最高法院的法官，但是一八八四年Alice不幸死於傷寒，她和何啓共育有一女（註四）。不久何啓又和華裔美人黎玉卿女士（父親美籍，母親是中國藉）結婚，他們共有九男七女（註五）。一八八六年何啓又被任命爲公眾衛生委員會的委員（A Member of the Sanitary Board）。他擔任這個職務有十年之久。一八八七年他爲了紀念前妻Alice，在荷理活道創立雅麗氏醫院（Alice Memorial Hospital），同年十月一日又成立香港西醫書院（Collere of Medicine for Chinese Hong Kong ）。近代中國革命孫中山、陳少白等人先後在這裡肄業。同年他用英文撰寫了《中國之睡與醒——與曾侯商榷》（China - The Sleep and The Awaking -

A Replay to Marquis Tseng）發表於《德臣西字報》（China Mail）上，後來胡禮垣取其文加以詳細翻譯，並加以闡發，名爲《曾論書後》。

一八九〇年，他又被任命爲香港立法局的非官守議員，一直到他死的一九一四年爲止都擔任這職務。一八九五年，他的學生孫中山等人，在香港成立香港興中會，作爲革命的同情者及贊助者的他，曾應邀主持在西營盤杏花樓所開的討論廣州起義的秘密會議，並且負責敦促英國政府承認起義成功的新政權，何啓和《德臣西字報》主筆英人黎德（Thomas H. Reld）及鄧勤（Chesney Duncan），二人擔任起義對外宣言的英文稿的起草者（註六），同年春天他和胡禮垣合著的《新政論議》刊行，清廷恭親王奕訢想任用何啓協辦洋務，但何啓始終不接受（註七）。一八九七年，在伍廷芳的激勵下，到中國遊歷，這是他一生中僅有的一次。在上海時，有人要求他對清朝的外交關係、金融和財政等問題提出改革建議，但因爲看不慣清朝官吏的腐敗，且對氣候水土不服，一八九八年三月就回到香港了（註八）。

一八九八年發表《新政始基》一文，闡述對中國財政上問題的改革意見，同年五月發表《康說書後》駁斥康有爲激進的民族主義主張，冬天發表《新政安行》一文，不久又做《勸學篇書後》一文，以駁斥張之洞的反民權思想。翌年冬天發表《新政變通》一文，所謂《新政眞詮》一書，大抵在此時完成，並於不久在香港及上海出版。

一九〇〇年由於中國發生義和團之亂，局勢危急，何啓想聯合孫中山的興中會和康有爲的保皇黨，與當時兩廣總督李鴻章聯合，宣告兩廣獨立，以保全南方，並進圖全國，他並得到港督卜力（N. A. Blake）的支持，向陳少白提出建議，並且起草一分叫做《平治章程》的政治綱領，以做爲新政府成立的宣言。後來因爲李鴻章缺乏合作的誠意而作罷（註九）。此後他亦一直支持中國的革命活動，一九一二年因爲長年對香港社會的服務貢獻，以及創立香港大學有功，大英帝國賜給他爵士的封號，並授予騎士勳章。一九一四年七月二十一日病死於香港，享年五十五歲。（註一〇）

第三節　胡禮垣的生平

胡禮垣，字榮懋，號翼南，晚號消遙遊客，廣東省三水鄉三江村人。一八四七年生於三水鄉，父親叫胡獻祥，字文周，在香港經商，一八五〇年代因爲避太平天國之亂，舉家移居香港。

少年時期的胡禮垣，一心熱望能在中國的科舉上有所發展，可惜屢試皆敗，終於放棄科考而專研經史，肆力於古文辭，兼研究西學（註一一）一八六二年十五歲時，入香港大書院

（The government school）求學，一直到一八七二年，他都在這所學校裡。一八七〇年時和何啓（當時十一歲）相識。一八六七年二十歲時自己完成了《天人一貫》一書，這是在儒家「忠恕」觀念影響下闡發大同思想的書，可惜該書並沒有印行傳世。一八七三年他在學校擔任中文教師和助教的工作。一八七九年至一八八一年三年間，他在王韜創辦的《循環日報》工作，主要是充當英文翻譯工作。一八八五年他和一位叫做Lo Ho-Peng 的商人共同創立了《粵報》，但不久就停辦了。同年，他完成了《英例全書》的翻譯。（註一二）不久，他和一位英國商人到婆羅州的北般島去從事土地開發和開礦的工作，結果非常的成功。曾經有當地的國王要將國事全權委托他處理，但他堅持不就，不久就回到香港從事經商。此時，中國奉派出使美國的欽差大臣曾先後邀其共事，也被他婉拒。（註一三）

一八八七年他翻譯了何啓的《中國之睡與醒—答曾侯書》一文的英文爲中文，並將自己的意見也加進去，而衍成了《曾論書後》一文。此後，凡何啓有關中國改良的英文論文，全由他翻成中文，並加以闡釋發揮。一八九四年春天，至日本遊歷，剛好碰上中日甲午戰爭，清朝駐日欽差大臣李經方和所有駐日人員奉令歸國，他由各國領事推舉爲中國駐神戶領事一職，對於當地商民的調和撫戢很受到外人的信服。

一八九五年中日和議成立後回到香港，在當地的文化協會當翻譯三年。一八九八年退休。此後他和何啓研究法律、哲學、宗教等學問，並共同完成《新改眞詮》一書。晚年，研究佛學很有心得，並以詩詞自娛，有《梨園娛老集》、《伊藤歎》、《滿州歎》、《民國樂府》等著作。他共育有兒子四人，各有所成，一九一六年九月十八日病逝於香港，享年六十九歲。（註一四）。

【附註】

註一　日本外務省通商局《香港事情》（大正六年五月刊行），頁二〇—二二。

註二　同前，頁六—八。

註三　G. H. Choa（蔡永業）*The Life and Times of Sir Kai Ho Kai*（A prominent Figure in nineteenth-century H. K.） The Chinese University Press 1981 p.p 15~19.

註四　見羅香林著《國父之大學時代》（台北：臺灣商務印書館，民國四十三年十月，增訂臺灣一版），頁一一四中之註一三部分。

註五　同前書，頁九—一〇。另外該書註一三之部分所言何啓與黎玉卿氏共生公子永乾、永元、永亨、永利、永貞、永安、永康、永錦、永謝，女公子瑞金、瑞銀、瑞銅、瑞鐵、瑞錫、瑞華、瑞美等共九男七女，此處與註三所引G. H. Choa 之書所言生十男七女略有出入，今從羅說較爲準確。

註　六　此處可參看，馮自由著《中華民國開國前革命史上》，頁一一—一二處，此外羅香林氏的《國父之大學時代》，頁八九—九○處，亦有提及，可共同參考。

註　七　見《嶺南歷代思想家評傳》（廣東人民出版社，一九八五年），頁二一○。

註　八　見同前書頁二九○處，此外 Ling-yeong Chiu 著 *The Life and thought of Sir. Kai Ho Kai* University of Sydney Faculfy of Arts Department of Oriental Studies 1968. 中的三五頁處亦可參考。

註　九　此處對孫中山早期思想研究的各書皆有提及，但以 Harold Z. Schiffrin 著 *Sun Yat-San and the Origins of the Chinese Revolution* University of California Pess Berkeley Los Angeles. and London 1970. 最可參考，此書坊間亦有中文翻譯版《孫中山與中國革命的起源》（台北：谷風出版社，一九八六年九月），頁一七三—一七四處有詳細的說明。

註一○　見註三所引書，頁一九一處，關於何啓之死有詳細的說明。

註一一　見沈雲龍主編《近代中國史料叢刊續輯》（台北：文海出版社），第二六一冊《胡翼南先生全集》，頁五三。

註一二　同註三　頁一三—一四。

註一三　同註一一　頁五三—五四。

註一四　同註一一　頁五五—五六。另外，他的四位兒子分別叫恆升、恒錦、恒滔、恒鐸。其中恒升從事輪船業，恒錦為法學博士，恒滔早逝。恒錦曾留學美國。

第二章　前人研究成果的回顧和檢討

本章主要是將有關何啓、胡禮垣兩人的生平、思想，以及相關行爲，和對時代的影響的研究論文爲中心，作一研究成果的整理和回顧。

關於兩人的研究論文，依寫作的語言，約可分爲中、英、日三類。其中，中文有十二篇，英文六篇，日文五篇。當然這是就比較相關的論文來說的。這裏面包括兩篇博士論文，一本專書是屬於兩人生平及思想的研究專論，且都是以英文寫成的，分別是下列的丙1、丙2、丙3三部。上述的這些研究論文及著作，依使用文字別，及發表時間的先後，著錄於後：

(甲) 中文部份有：

1.《香港循環日報六十週年紀念特刊》。一九三二年。

2. 吳醒濂著《香港華人名人史略》頁一。一九三七年。

3. 蕭公權著《中國政治思想史》第二三章第三節《何啓與胡禮垣》。一九四五年。

4. 羅香林著《國父之大學時代》第二、七、八、九等章。一九五四年。

5.任繼愈著《中國近代思想史論文集—何啓、胡禮恒的改良主義思想》。一九五八年。
6.羅香林著《香港與中西文化之交流》第五章。一九六一年。
7.方豪著《清末維新政論家何啓與胡禮垣》，《台灣新世界雜誌》。一九六三年。
8.胡濱著《中國近代改良主義思想》。一九六四年。
9.丁寶蘭著《胡禮垣、何啓評傳》收入《嶺南歷代思想家評傳》。一九八五年。
10.熊月之著《中國近代民主思想史》第四章第四節《何啓、胡禮垣的民權思想》。一九八六年。
11.李澤厚著《中國近代思想史論》第二章第二節《改良派變法新思想的發生與發展》。一九八六年。
12.熊月之著《何啓、胡禮垣民權思想簡論》江海季刊（文史）。一九八六年五月。

(乙)日文部分：

1.小野川秀美《何啓、胡禮垣の新政論議》石濱先生古稀紀念東洋學論叢同紀念會，一九五八年。
2.渡邊哲弘《何啓、胡禮垣の新政論》，《立命館文學》一九七冊。一九六一年一一月。

3.楠瀨正明《何啓、胡禮垣の民權論》，《北九州工業高等學校研究報告》一三號，一九八〇年。

4.日高一字《近代中國政治思想史研究における方法論的諸問題—楠瀨正明『何啓、胡禮垣の民權論』》，《北九州工業高等專門學校研究報告》十三號，一九八〇月。

5.佐藤愼一《一八九〇年代の「民權」論—張之洞と何啓の「論爭」を中心に—》《中國における人間性の研究》。一九八三年二月。

（丙）西文部分：

1.Ling-yeong Chiu（趙令揚）*The Life And Thought of Sir Kai Ho Kai* unpublishsd Ph. D dissertation Ph.D in philosophy University of Sydney Foculty of Arts Deártment of Oriental. Studies. March 1968。

2.Jung-Fang Tsai（蔡榮芳）*Comprader Ideologists in Moden China: Ho Kai (Ho Ch' I. 1859-1914) and Hu Lin-Yuan (1847-1916)* unpublished PhD. dissertation Ph.D in History University of California at Los Angeles 1975。

3.G. H. Choa（蔡永業）*The Life and Time of Sir Kai Ho Kai,* Hong Kong The Chinese University Press 1981。

4. Eastman L, "Political Reformism in China before The Sino-Japanse War" *Journal of Asian studies* vol. XX VII no.4 (August. 1968) pp. 695-710。

5. Harold Z. Schiffrin. *Sun Yat-Sen And The Origins of The Chinese Revolution* University of California Press Berkeley. Los Angeles And London 1970。

6. Wright. Arnold ed. *Twentieth Century Impressions of Hong Kong. Shanghai and Other Treaty Ports of China.* London 1908.

從上面這些論文，筆者歸納出大約有四個重點是目前爲止的研究重心，這四點分別是：

1. 何啓和香港雅麗氏紀念醫院及香港西醫書院的關係，以及他和香港社會的醫療衛生問題的關係。
2. 何啓、胡禮垣和中國近代革命的關係。
3. 有關《新政眞詮》的介紹及兩人生平思想的探究。
4. 殖民地知識份子的特色以及他和近代中國改良主義的關係。

以下依照這四個點各立一小節加似說明和檢討。

第一節　何啓與香港醫療衛生關係的研究

在這一節裏必須一提的是，至目前爲止，對於何啓和胡禮垣，做全面整理和探討的研究著作一共有三篇，分別是上述的丙一、丙二、丙三等三部，他們對於何啓和香港的醫院及醫療衛生關係的研究，最早是以羅香林的著作（A6）爲研究的基礎，羅氏在其所著《香港與中西文化之交流》一書中，從早期教會人士和當地社會的交流開始，敘述到雅麗氏紀念醫院及西醫書院的成立和何啓的生平及背景，同時說明了當時醫院和書院的規模，以及其在當地社會的醫學和科學上的貢獻。而G. H. Choa（丙三）的研究就是總結羅氏及其他諸人的研究成果而加以發揮和整理的。

羅香林、G. H. Choa 和 Ling-Yeong Chiu（丙一）三人都是出身於香港的本地人，在文化環境和社會感覺上，比其他香港以外的研究者，有更有利的條件研究這個問題，也更容易深入。G. H. Choa 因爲本身是醫生出身，畢業於港大醫科，又曾至當年何啓實習的 Thomas Hospital 留學及研究，在醫學上的資料和文件記錄的蒐集都顯得比其他的研究者豐富和周全，他的成果可供想對此一問題深入探討的研究者提供不少幫助。

他的著作對曾經帶給香港社會極大災害的流行病——鼠疫——進行研究和分析，從開始漫延、控制到消滅，都一一加以論述，並涉及到香港醫療相關法令的制定問題。此論述過程，旨在凸顯何啓對香港社會的努力和貢獻。

文末的附錄及照片，也都是有關這一論題相當重要的資料，值得參考。

第二節　何、胡兩人和中國革命關係的研究

孫中山，這位近代中國革命家，曾經在一八八七年至一八九二年間，就讀於何啓創辦的香港西醫書院，從此在孫氏的革命生涯中，和何啓也結了不解之緣。

有關此一問題的研究，早期的研究者，在肯定偉人，贊揚革命聲中，對孫中山人格的偉大及種種的聰慧勇行的記載和論述，可說史不絕書。當然他和胡、何之間的關係及影響也不斷的被提及，從早期馮自由編的《革命逸史》，一直到羅香林編的《國父之大學時代》（一九五四年編）、《國父在香港之歷史遺蹟》（一九七一年編）等書中多所提及。上述的這些著作或資料，也被後來的研究者相繼引用，如Ling-yeong Chiu 論文中的第三、四章，都大量的引用這些資料。當然，這些資料有一定的可信度，但是由於傳統的偶像崇拜的缺點，往往有將偉人神化的傾向，因而敘述時難免有誇大的情形。討論事理也容易流於感情用事。

一九七〇年，有一位猶裔的美國人Harold. Z. Schifrin. 在他的一本：Sun Yat-Sen and the Origins of the Chinese Revolution 的書中，擺脫了傳統對偉人神格化的傾向

，大量利用當時香港發行的新聞，加上英國的外交檔案和一些相關資料，對孫中山早期在香港的革命活動，做了比較客觀的研究和敘述，當然何啓和孫中山及對中國革命的關連問題也再次的被客觀的描述。此書也明白點出香港這個殖民地（割讓地）本身的特性，以及它和一般非租界及非殖民地的差異。

在前述的研究成果下，一九七五年 Jung-Fang Tsai 在他的一篇叫 Comprador. id-eologists in mordern china Ho Kai (Ho. Chi 1859-1914) and Hu Li-yuan (1847-1-916) 的論文，認爲孫中山的早期革命活動中也繼承了何啓的買辦思想（這是原著的意思，筆者以爲用媒介者思想來代替比較妥當，因爲買辦的字眼容易被誤解爲有賣國的傾向，事實上在此處是完全沒有這種含義的，）例如：對於如何尋求外國力量的支持和信賴，以及如何使中國西化的過程中，在興中會時期的革命思想裡何啓對孫中山的行動有很大的影響（註一）。這樣的論點，對於研究孫中山思想及近代中國革命思想的研究者中，產生一定的衝擊。因而引導出以後的研究者，能更廣泛、更客觀的去了解早期革命運動的特徵，和香港特有的社會環境所產生的意義。

第三節　《新政眞詮》的介紹及兩人生平、思想的研究

《新政眞詮》應該完成於一八九九年，而在上海出版則在一九〇一年（註二）。該書流通和出版的經過，將於下章再詳細介紹。比較早注意到這部書出版來由的是日人小野川秀美。小野川氏在一九五八年一篇叫《何啓、胡禮垣的新政論議》一文中，開頭就將全書篇目、篇名、出版時地，做一簡短的介紹（註三）。後來，政治大學的方豪教授，在一篇叫《清末維新政論家何啓與胡禮垣》的文章裡，引用了許多英歛之日記的記載，詳細的敘述此書出版過程及其間的波折（註四），補足了對《新政眞詮》出版過程了解的不足。

至於兩人生平思想的研究，最早將兩人思想特徵做整理論述的，應該是一九四五年蕭公權著的《中國政治思想史》。該書將兩人思想立一小節論述。書中對於兩氏思想的特色，例如：在改革中國政治的主張與張之洞、康有爲態度的根本不同，以及認定民權乃立國之眞詮，闡揚西洋十八世紀的自由主義及天賦人權學說，以破傳統之君主專制。此外，兩氏對於「權」及「民權」的定義，以及民權制度的實施等問題，都於該書中相繼提出，並加以闡釋（註五）。

此外，蕭氏亦特別指出兩氏對於時政的建議，尙有「注重地方分治」及「擁護國際和平」等二種主張（註六），對後來的研究者在研究領域上頗富啓發作用。

一九五五年中國大陸學者任繼愈，在《何啓、胡禮垣的改良主義思想》一文中用當時社會主義階級理論對傳統歷史人物的評判，指出兩氏在思想上的特色爲：

對洋務派的抗議而產生的改良主義的經濟思想、民權思想以及對封建文化抗議而產生的對傳統儒教三綱五倫的批判，反對宗經的思想，產生了資產階級的個人主義思想（註七）。

另外，任氏以批判的角度指出兩人對帝國主義認識的不足。總之，對於兩人思想的評價任氏以爲：

兩人的思想反映了當時華僑民族資產階級的利益……，有一定的反帝情緒，但對帝國主義是害怕的，因而對帝國主義採取了妥協態度，他們也反封建主義，由于階級力量的薄弱，他們不可能有徹底反封建的思想；由于剝削階級的偏見，他們看不見農民的力量，對農民採取輕視的態度。……他們鼓吹西方資產階級的政治制度，揭發封建制度的腐朽情況……提倡向西方學習，這些思想在客觀上對戊戌維新運動起了配合作用，等他們看到改良沒有希望時，對后來的辛亥革命也有一定的同情。（註八）

這樣的評價，不論是否得當，對後來的某些研究者有一定程度的影響，例如重商主義和買辦思想的提出，都是明顯的例子。

一九五八年日人小野川秀美在《何啓、胡禮垣の新政論議》一文中指出，兩人在《新政論議》中的思想特色，包括重商主義的思想，尤其在改革中央官制中增設商務大臣，並推爲八部之首（重商主義）。明白的提出代議政体論，將立法權從君主身上移往議員手中。另選舉權的普偏化，即男子滿二十歲以上，無暗啞盲聾殘疾者，給予選舉權，但未提及婦女參政權。爲了司法審判的公正性而要求增設陪審員，以及對人權尊重而要求改善監獄設備等。此外，他們對萬國公法的絕對重視，可能影響到後來的康、梁，尤其是梁啓超等。這些在該文中都有論及。（註九）。上述的這些研究，雖僅是小野川氏對《新政眞詮》中《新政論議》一篇的研究，但他所提出的何、胡二氏思想的特點，卻成爲日後甚多研究者研究的方向。尤其是日本的研究者，如：渡邊哲弘氏在一九六一年的《何啓、胡禮垣の新政論》一文，就是承接者小野川氏的研究成果而加以擴大發揮的。

渡邊氏的研究範圍擴大到《新政眞詮》各篇上，雖然不是很全面性有系統的整理和論述，但是他指出兩人的思想在重商主義的前題下，兼以買辦思想爲背景的新政思想中，其特有的商業主義的特質可以從下文的敘述看出，例如：⑴對外資借款的攻擊→反對借外債及反對洋務官僚因此而中飽私囊（註一〇）。⑵對於商品的流通過程的重視遠甚於對生產過程的重視→提倡民間經營的方式反對官督商辦。（註一一）⑶以買辦思想（媒介者）爲支柱，加以對英依存主義的論調，反應香港特有的商業主義的性格→主張中國門戶開放政策，以及徹底的非戰論，以否定當時中國以民族主義爲中心的國粹主義。（註一二）爲了使中國的改革能更加徹底，他否定傳統官僚支配機構做爲依據的漢宋經義之學，取而代之的是，西洋富强根源的萬國公法和民權議會制度。當然一切的思想障蔽，如傳統三綱五常的儒教倫理，就得被尊民抑君的議會制度和自由平等的民權說所取代，這對後來孫中山一派的革命主張提供了有利的合作條件（註一三）。以上是渡邊氏的研究成果。

此外，一九七八年日人楠瀨正明在《何啓、胡禮垣の民權論》一文中指出兩人民權論的幾個特點，即：兩人的民權論不僅僅是單一的制度改革論，而是對君權絕對性的否定，人民才是政治的主體。此外，兩人對以托古改制的經義爲媒介的變法派理論提出批判，另兩人的民權論欠缺反帝意識的色彩。這些都是楠瀨氏該文的重要論點（註一四）。從上述的研究成果看來，並沒有超過前人的特殊見解，但是將兩人思想中的民權論當做一個獨立的主題來研究，楠瀨氏是一個發端。

一九八五年丁寶蘭在《嶺南歷代思想家評傳》一書中，對於何啓、胡禮垣，特別是胡禮垣的部分，歸納了他的哲學思想，其中有一段話說：

……《新政眞詮》一書，反復提倡平理、近情、順道、公量，說這八字是新政的綱領心法。……到底這八個字的思想基礎是什麼呢？看來仍然擺脱不了孔子和儒家的中庸之道的影響。……他所謂公，實際上是擴大了私，他認爲但能合人人之私于是各得其私，天下亦治矣。《新政安行》又說：中國之教曰：「己所不欲，勿施于人」，又曰：「忠恕而已。」……中外古今……歸宿之地，不外如斯，……這理極力闡揚的不是別的，正是資產階級個人主義的原則。（註一五）

用社會主義理論的觀點，點出兩人思想上個人主義的原則，並肯定有其歷史的進步意義。這是一個有趣的結論，此外他能把胡禮垣的哲學思想，單獨的整理出來，不論其評價論點是否確當，總是一個新的嘗試。

第四節　殖民地知識份子及其與近代改良主義者關係的研究

在這一節中，主要是檢討，研究者對香港殖民地知識份子的特色，特別是所謂：「買辦意識」（筆者以爲稱爲媒介者意識較爲妥當，前文已有說明。）這一特點的看法。從他們的改良思想去探尋，他們和近代中國知識份子在改良主義主張的差異在那裡？

這一節主要是以前文所載的丙一、丙二、丙三等三本論文爲主要檢討對象。

在一九六八年Ling-yeong Chiu 的論文中，並沒有出現所謂：「買辦思想」或「意識」之類的字眼或論點，在Chiu 的論文中只是對兩人的生平做系統的整理敘述，至於兩人的思想和當時與國內知識分子間的論爭，雖然有提及與說明，但對彼此間的差異，並沒有系統的敘述（註一六）。尤其對兩人有關「門戶開放政策」的主張和相關問題，幾乎沒有涉及。但是該論文是最早將兩人的生平思想作全面性整理的專著，對後來的研究者提供了很多可供參考的資料和線索。

一九八一年G. H. Choa 的研究論著中列有On Open Door Policy and Situation 一章，內容很簡單，只是敘述其提出此政策的經過及其中的一些內容的節錄，並沒有對這一政策做分析和探討。此外雖也列有Essays on Reform and Revolutionary. 一章但對於何啓和當時知識份子之間思想的差異，以及何以造成此種差異的原因，也沒有超越前人的見解（註一七）。筆者以爲上述的論文主要是以何啓和香港社會的醫療問題爲主的研究，所以在這方面並沒有作很詳細的探討。

但是，在一九七五年Jang-Fang Tsai 的論文裏，很明顯的突顯兩人所謂：「買辦意識」的特色，Tsai 可能受到前述任繼愈、小野川秀美，尤其是 Harold、Z. Schiffrin 等人的研究成果的影響，該論文特別提出了所謂：「邊緣人」（Marginal man）的殖民地知識份子性格。在解釋這點之前，必須先講他所謂的「買辦意識」的定義是什麼？他的論文指出：

> 西方歷史學家所謂的買辦，一般是指僅就商業買賣而言。……而日本及中國的歷史學家則認爲只要是和帝國主義（外國）相合作而互相去取得利益的性質都可以稱爲買辦意識，所以這其中包括了種種性質的買辦，如文化買辦、政治買辦、愛國買辦等。……但是這裡所謂的買辦意識，並不是有一定不好的定義存在，而只是指限於和外國相合作因而各取其益的行爲而言。（註一八）

在這樣的前題下，Tsai接著提出了兩人思想具有「邊緣人」性格的論點，而所謂的邊緣人的定義，簡單的說，就是一方面接受並吸收外國（帝國主義）文化的優點，一方面卻憎惡帝國主義的侵略行爲（註一九）。

他進而以兩人民權思想的主張爲例（註二〇），去說明做爲邊緣人的特質，再經由和當時國內知識份子之間的論戰中，以及對門戶開放政策的觀點，去探討彼此間的差異，就民權思想的主張而言，是彼此間手段和目的的不同。

以上的種種論點，大致是目前爲止有關兩人思想研究的成果。筆者的研究論文，就是希望在以上所述的研究成果上，加以進一步的整理，並補足其間的一些遺漏，例如：對整個《新政眞詮》的內容及思想展開過程的整理和解說等，並將他們兩人民權思想的特點，和當時國內知識份子的思想，在彼此論爭的過程中比較其特色。

【附註】

註一 Jung-Fang Tsai（蔡榮芳）*Comprader Ideologists in Modern China: Ho Kai (Ho Ch' I. 1859-1914) and Hu Lin-Yuan (1847-1916)* University of California Los Angeles 1975 unpublished Ph. D p.p 295-296。

註二 見沈雲龍主編《近代中國史料叢刊續輯》（台北：文海出版社）第二六一冊《胡翼南先生全集》，頁一〇五一。

註三 見小野川秀美著《何啓、胡禮垣の新政論議》（石濱先生古稀紀念東洋學論叢同紀念會，一九五八年），頁一二一。

註四 見方豪著《清末維新政論家—何啓與胡禮垣》《台灣新世界雜誌》（一九六三年），頁二〇—二五。

註五 蕭公權著《中國政治思想史下》（台北：聯經出版事業公司，一九八一年），頁八五〇—八五三。

註　六　同前書，頁八五七。

註　七　見任繼愈《何啓、胡禮垣的改良主義思想》。收入《中國近代思想史論文集》（上海人民出版社，一九五五年）頁七八—八七。

註　八　同前書，頁九一。

註　九　同註三，頁一二一—一三三。

註一〇　見渡邊哲弘著《何啓、胡禮垣の新政論》《立命館文學》一九七册（一九六一年十一月），頁六四。

註一一　同前書，頁六四。

註一二　同前書，頁六六—六七。

註一三　同前書，頁六八—七五。

註一四　楠瀨正明《何啓、胡禮垣の民權論》《廣島大學文學部紀要》三八（一九七八年十二月），頁一八三—一八四。

註一五　《嶺南歷代思想家評傳》（廣東人民出版社，一九八五），頁三〇六。

註一六　例如Chiu的論文第一九六至一九七頁處認爲因戊戌政變失敗，才導致何啓傾向於積極支持孫中山的革命活動。筆者以爲早在一八九五年何已經很明顯的支持孫的革命行動，不可能等到一八九八年以後才轉向孫的陣營。

註一七　G. H. Choa（蔡永業）*The Life and Times of Sir Kai Ho Kai* The Chinese University Press 1981.H. K. p.p 125—165。

註一八　同註一，頁Ⅷ。

註一九　同註一，頁Ⅸ。

第三章　何、胡兩人民權思想的內容和特色

本章主要是以兩者共著的《新政眞詮》爲材料，將該書內容作系統的整理，以凸顯兩人民權思想的內涵，及在近代民權思想主張中的特色和地位。在討論正題之前，必須先說明《新政眞詮》是什麼。

第一節　《新政眞詮》成書年代及其版本

所謂《新政眞詮》，主要是由七篇文章加上前總序、後總序而成的。依據作者在序文中所表示各篇完成的時間依序是：《曾論書後》（一八八七年）、《新政論議》（一八九五年仲春）、《新政始基》（一八九八年二月）、《康說書後》（一八九八年五月）、《新政安行》（一八九八年冬）、《勸學篇書後》（一八九八年）、《新政變通》（一八九九年冬）。

最早的《曾論書後》是由何啓用英文寫成於一八八七年二月十二日，並發表在香港的《

德臣西字報》(China Mail) 題名叫：China the Sleep and Awaking to Repay the Marquis Tseng，當時何啓用Sinensis的筆名發表（註一）。後來，再由胡禮垣翻成中文。當然在翻譯的過程中，胡本身也加入自己的意見增飾而成，並名之爲《曾論書後》（註二）。

而《新政論議》則是何啓起先作於一八九五年仲春，其原序有以下的這一段話：

> 乃條列復古因時各要，略而次其本末先後，時胡君在日本亦以書來，即以是質之，蒙其引伸觸類、暢我復言，成此論一篇，還以質之於予。（註三）

依此可知本文應成於甲午戰爭期間，即馬關條約還沒簽定之前，而全文主旨乃是出於何啓之意，至於引伸其意，寫成文章的應是胡禮垣。

《新政始基》，應是作於光緒二十四年，即一八九八年二月，原序中有以下的一段話：

> 自官督商辦之說一出，胡君與予深以爲憂。蓋恐新政之終不能行，縱行亦無所濟世。予乃條例新政始基各事，欲胡君別爲一章，以告當道。……而同人知予有《新政始基》之說，必欲一覩，胡君乃以其暇，增廣予意，復爲此篇。今歲仲春，是書始成。（註四）

可見此篇作於甲午戰敗之後官督商辦之說盛行的時代，到了一八九八年仲春，才由胡禮垣譯成中文，並加以潤飾。

《新政安行》和《勸學篇書後》兩篇應是同時完成於光緒二十四年孟冬，該文序有：

跡其所由，乃不行新政之故，而新攻雖行，亦有所不能者，……予思中國非不欲行新政，而獨未得其方也。因與吾友翼南商榷而成是篇，並作《勸學篇書後》，使行新政者，勿復疑。（註五）

可知上述兩篇應是兩人共同合作的作品，和前面幾篇是由何啓作成，再由胡禮垣潤飾的方式有些不同。

《康說書後》一文，篇前並沒有何啓的序，但在胡禮垣的序文中有：

此篇亦何君沃生慫湧之作，因篇內有以一人而兼七、八職等句，係指何君而言，故初排印時，未署何君之名者，恐蹈標榜之習也。（註六）

可見這篇可能也是由何啓出主意而由胡禮垣執筆的作品，該文應是完成於一八九五年五月，比前兩篇略早。

最後，《新政變通》一文，在篇前並沒有何啓的序文，而胡禮垣的前言，也沒有提及何啓之事，只有：

前後凡六種，謬爲同人所許，擬彙印爲一部，而名之曰《新政眞詮》，因復爲此篇附之於後，以明新政之終於必行。（註七）

這樣看來，這篇應是綜合前六篇的要旨而融爲一篇的著作，可能是胡禮垣自己的著作。該文作成於一八九九年孟冬。

以上大致是各篇完成的時間及兩人合作關係上的說明。接著，將《新政眞詮》的版本及出版情形，做一個說明。

方豪先生認爲《新政眞詮》有五種版本，依序是：

1.光緒二十一年香港文裕堂印行本。

2.光緒二十六年香港版，未見。

3.光緒二十七年上海格致新報館發行。（英斂之校，印刷廠名著易堂。）

4.某年盜印小字本，改名《新政六編》。

5.光緒二十八年大字本，上海吳雲記印刷。（英斂之校。）

等五種版本（註八）。此外，清末各家所編的《皇朝文編》中亦多多少少有收錄兩人的文章，例如：《書曾襲侯先睡後醒論後》，即《曾論書後》，收於《皇朝經世文三編》及《新編》。《勸學篇書後》及《書保國會第一集演說後》，即《康說書後》，收於《皇朝蓄艾文編》。《中國宜改革新政論議》，即《新政論議》，則收入《皇朝經世文新編》。內容和原文大致相符，稍有出入。

目前坊間所最通行的《新政眞詮》應是台灣沈雲龍主編的《近代中國史料叢刊續輯》二六一——二六六號的《胡翼南先生全集》，該書由台北文海出版社印行。

第二節 《新政眞詮》的內容及其思想的展開

本節筆者想引用《新政眞詮》全書中的兩段話來做爲解說本書的引言，這兩段話也可以說是整部《新政眞詮》思想架構的綱領。它們分別是：

> 欲免其制，何道之從？曰：仍在行新政而已。新政之行，其道有五：一曰名義、二曰貫通、三曰程功、四曰虛己、五曰性眞。圖新者，必舍舊，外攘者，必內修，此名義之說也。已詳於《曾論書後》。本心法爲治術，斯綱舉而目張，此貫通之說也，已詳於《新政論議》。握其要而圖之，使眾效而立見，此程功之說也，已詳於《新政始基》。謙者其益斯受，滿則其損必招，此虛己之說也，已詳於《康說書後》。純任吾之自然不假人之勉強，此性眞之說也，已詳於《新政安行》。能行此五者於中國，新政其庶幾矣。……故雖有公正之心，亦必博採廣諮而事理之至當始出，是議院宜設也。……故雖有至善之法，亦必使人肩任而善量，乃能無窮，是民權宜

復也，議院民權者此篇之大旨也。（註九）

又：

民自用智其事如此，其效如此，蓋惟黨同伐異之見除，然後天下爲公而國以治。有進無退之志立，然後日新其德而國以隆，此《新政變通》之說所爲繼《論議》、《始基》、《安行》等篇而作也。（註一〇）

由上看來，這「名義」、「貫通」、「程功」、「虛己」、「性眞」，再加上「議院民權」及「民自用智」（即民智）七項是整部《新政眞詮》七篇中所要表達的七大目。

一、**名義**：所謂「名義」，具体的說，只是在本和末、外攘和內修順序先後的爭論，《曾論書後》一文，是何、胡兩人認爲曾紀澤的主張是本末倒置、置車於馬前，因而引發他們的反擊。這些爭論，連同《康說書後》及《勸學篇書後》等三篇留到下一章再詳細討論。

二、**貫通**：所謂「貫通」，是要本於心法而能一貫而治國安邦之術，也就是要綱舉目張，依序進行。依照兩人的看法，當時的中國，不論在那方面都已到達非改革不可的地步，怎麼改呢？兩人認爲只有以「復古」和「因時」兩個步驟來作，才能創造出一個嶄新的政府。他們所謂復古、因時，主要是指在本體的改造和對環境的適用兩方面來說：

就復古而言，主要有七個項目，即：㈠擇百揆以協同寅：這裡有一段話可看出這一項的重點，即：

是宜下令國中自今以往，諸臣中有以改爲是者，准其留職，有仍以不改爲是者，著令辭官，如此則凡有宜改之處，諸臣祇可將其事斟酌盡美，行之盡善而已。（註一一）

選官任職的標準在有沒有改革的意識，這是一個新政府的基點。

㈡厚官祿以清賄賂：政治的腐敗大都是由於官吏的貪污受賄，清末爲官者祿薄捐多，世人皆知，爲官爲吏者，每忙於張羅，故無心於政，當然更助長賄賂之風，所以兩人主張將官吏的薪水提高。這是講求行政效率的開始。

㈢廢捐納以重名器：買官、捐官之風，中國自漢以來即有此風，而清末最盛，但是所謂：「羊毛出在羊身上」，花錢買官的人，無非想從做官的途中，再多撈一些回來，這麼一來，所謂的名器，也不過是銅臭的代名詞。一個改革的新政府，非廢捐納之風無以杜絕腐敗的政治風氣。

㈣宏學校以育眞才：人才是國家建設的一切根源。他們兩人提出人材培育的方法，是比照分科、考試、和取得執照三個步驟，在分科上幾乎所有實用的西學都被列入考試的科目，特別是對「萬國公法」和「中外律例」這兩科的重視，遠在各科之上。而教師資格的取得，就是經由考試合格給予執照。執造就是人才的表徵，這樣的取才方式在當時是很具有特色和創見的。

㈤昌文學以救多士：兩人對傳統的文學給予一定的認同，其中也不乏改革的意見，如：

宜下令國中寬其考法，不以額限，凡欲專攻帖括者，聽其如前，考試而加以萬國公法及律學大同，二者一體，出題答問。（註一二）

從來科考制度，有合格人數的定額限制，但是兩人認爲這會令所謂科場士子鑽進死胡同裡，所以一律沒有及格人數的名額限制，此外爲了於古中翻新，不流于迂腐，所以對新世界知識的萬國公法或法律學之類的科目也加入考試的項目。值得一提的是，胡禮垣年少時曾熱衷科考，不幸屢試屢敗，恐怕這項的主張是平生經驗下的反映吧！

㈥行選舉以同好惡：這裡値得注意的是，兩人對整個新政府採用選舉的方法來決定一切人才的去留及政策的方向，其中提到要仿隆古「闢門之法」的精神，就是要廣開門戶以求天下之英賢，這和當代選舉制度有同功之處。

㈦開議院以布公平：這是他們對整個政體改造的最終目的，也是兩人最富有民權思想的地方。他們兩人民權思想的特色留待下一節再具體討論。

在環境適用方面，共提出了九項建議，以做爲新政府革新的施政方針，分別是：㈠開鐵路以振百為；㈡廣輪舶以興商務；㈢作庶務以阜財民；㈣冊戶口以嚴捕逮；㈤分職守以釐庶績；㈥作陸兵以保疆土；㈦復水軍以護商民；㈧理國課以裕度支；㈨宏日報以廣言路。這九項中主要反應對商業的振興和對商人的保護。希望籍商業的發達，稅收的增加去改善國家財政的收支，並帶動整個社會的建設和繁榮。充分反映了他們思想中重商主義的特性。

總之，他們無非是想藉者改造中國舊政體成為一個新政府，建立一合理進步的社會。套用他們經常提到一段話，即是要達到：「理必推以至平，情必求以至近，道必行乎至順，量必極乎至公。」（註一三）的境界。

三、程功：所謂「程功」，就是把握新政的要點，有計劃去實行，使新政的成效能立刻的顯現出來。這章以經濟改革為重心，配合環境需要，提出種種改革構想，如能按部就班實施改革，就達到「程功」的理想了。

必須一提的是，何啓寫作本文，剛好是一八九八年列强開始大量佔領或强租中國沿海港灣的時候。在中國有被瓜分的危機意識下，如何使中國能自全而不滅亡是有識之士所最關心的問題，而他們兩人的着眼點，就是如何解決眼前的財政危機，並釐清與列强之間的利權關係。

就整章的理念來說，整個的改革步驟，就是要「興利除弊」，也就是先把理財的事做好。要把財理好，就必須要用人才，求賢才。要求賢才，就必須要以重位厚祿來號召，才能把賢才給請出來，就如同他們兩人所說：

今中國之所最急、最重，將以延國脈而奠生靈，扶顚危而全大局者，非首在理財之一事哉！然吾謂理財一事，非以才而且賢者爲之，則決乎不能。（註一四）

他們舉當時最重要的經濟重心——「鐵路政策」爲例，抨擊當時所實行的政策大不善。當時的鐵路政策或實業政策，主要是以「官督商辦」的方式來進行，對外借洋債，對內募民股，但是成效不彰，其原因不外是出於人民對政府官吏的施政態度和操守沒有信心，正如他們所說：爲政第一就是要明官民之別，要使官不得與民爭利，又說：

今夫官民之際不可不辨也，官者，所以保民而已，民者，所以養官而已。……官與民之不宜合而謀之者，貨殖之貿遷是也，商賈之轉折是也。所以維公道而示持平，忘偏袒而彰厥直也。（註一五）

接者對當時不准入洋股而只想借洋款的鐵路政策提出批抨。清末鐵路政策之所以不准入洋股，當然是爲了怕鐵路爲外人所據。他們兩人對此卻有獨到的見解，認爲如果不入洋股則一般的投資大衆就會因爲官吏的施政沒有外人的監督，而胡做妄爲，對鐵路的投資就會失去信心，大家就不會入股，資金的來源也就貧乏了。

他們認爲讓洋人入股，至少可以使列強在中國的鐵路影響力產生勢力的平衡，進而會和中國共同合作發展鐵路建設，他們說：

> 鐵路之大利者，非洋股不可，而乃並不准入，究屬何心？或曰：是恐外國侵權，故有此議，不知外國侵權決不由此。……吾請以泰西諸國比諸甲乙丙丁之人各附有股，而甲之人，或爲一己之私，或因本國之故，據我鐵路，以便私圖，則乙丙丁之人必不聽也。乙之人而爲此，則甲丙丁之人必不聽也。……勢均力敵，其權則分以一，抗眾其計必屈。是故中國於鐵路之利權不欲保護，則外洋股份可以不招，如欲保護則外洋股份正宜廣納也。（註一六）

這種列強勢力平衡論的觀點，在晚清的改革家中是一種先見和睿知。

他們也反對借洋債，認爲：借洋債的結果，只有加深中國財政上的支出和困難，最後在無力還債的情況下，鐵路只好乖乖的拱手讓給洋人。他們對當時「議抽公款」之事也提出批評。所謂「議抽公款」，是指當時朝廷所下的「關於商民想承辦鐵路者須先貯戶部一千萬兩」之詔令而言（註一七）。他們認爲：

> 泰西各國，民間有倡設議路本錢未足者，國家必力爲資助，以速其成，決無議抽公款以阻其事者也。……倡行鐵路而議抽公款則是欲寒而火之，欲熱而冰之耳。（註一

八）

以上是他們所舉當時鐵路政策錯誤的若干實例。這一切錯誤的根源，就是來自與民爭利的官督商辦政策。

他們綜觀當時中國財政收支情形，對改革稅制和如何將財政導入正軌也提出建議，例如：他們認爲應該廢止「釐金」的徵收，鼓勵設立民間企業和更新生產設備。當時主要的五項稅收中，例如：地稅、鹽稅二者，主張以「比例之法」徵收，土藥、土關、釐金三者，主張以「簡括」之法徵收（註一九）。並且全面調整徵稅機關的體制，將國家「收銀之職」與國家「行政之官」的職司徹底分開，以達到所收之稅爲全國之用，可免當時地方大官小吏中飽私囊。

另外值得一提的是，他們主張地方的財稅，應該歸地方自行運用，他們說：

是故房屋租項及地方各餉之徵，其事必歸各省之城市村鄉自主，擇紳耆而爲之料理，選公正而爲之設施，各縣設局可名曰：善後局，主席以上官爲之，而凡有舉辦之事，則皆紳耆會議平允而後行。（註二〇）

這是地方自治的典型構想。在晚清的改良家中能注意到地方自治的人並不多見，難怪英斂之在看了《新政始基》後：

尤覺爲中國之頂門針、對症藥，非抄襲陳言，偏執一見者之能望其項背。（註二一）

總的說，兩人歸結當時中國之所以亂，乃是由於民心不服，民心不服，緣起於政令的不平，政令的不平，多見於釐金徵收的紛亂不一。如何改革紊亂的稅制，才是財政改革的當務之急。而這些事都有待賢才求解決。求賢才必須有厚祿和重位才能找到。如此一步一步的把財政整頓好，就達到兩人所說的「程功」之效了。

四、虛己：所謂「虛己」就是謙虛自己，這是何胡兩人對康有爲《保國會第一集演說》一文所做的批評，康有爲於保國會三月二十七日第一集演說中，鑒於當時列强環伺，中國有被瓜分的情況下，提出所謂：「保國、保種、保教」的主張，要求：

人人發憤，如一大火團至一百二十度……四萬萬人，人人熱憤則無不可爲者。（註二二）

在這樣激越的國族或民族主義的主張，兩人認爲應該要以實際情況和平靜的心情，做爲處理國事的要件，不能以煽情的主張去盲目從事，故對康的說法多加指責。兩者間爭論的內容和焦點，在下一章再予詳述。

五、性眞：這裏必須說明的是，本章作於一八九八年冬天，也就是百日維新，戊戌變法剛失敗的時候。在這樣的時代背景下，他們所要强調的是，所謂「公私」這兩者的關係。。

文中反覆將前面諸篇的主張一而再的提出來印證當時事實的情況。本篇序中有一段話反映出兩人對當時新舊黨爭的看法，他們說：

> 舜與政中國帝王之冠也，……然則帝王之冠俱不可學乎，以政之私而學舜之公，即以舜之公而成政之私，其私愈摯則其公愈明，其公愈眞則其私愈遂，離之兩傷者，合之則兩美，此之謂也。是說也其意義具於《先睡後醒論書後》，其規模具於《新政論議》。其從事具於《新政始基》，其質疑具於《康說書後》，而其歸宿之地萬派之源，則具於是篇矣。然猶恐人之或疑爲非孔孟之道也，故以《勸學篇書後》明之。（註二三）

可見本篇所謂的「性眞」，就是要以前幾篇提出的主張和方法去求眞公和眞私，以便去解決中國當前的問題，再一次的証明新政的可行，及合乎平理、近情、順道、公量的道理。

本文一開始將先前各篇中的主張，一一印証當前中國之不得不改革，不得不行新政之理，接著對戊戌政變後的政情，特別因保守派所發動的攻擊提出自己的看法，認爲產生了四種現象，即：

> 首則黨人之誅焉，次則見於畛域之分焉，三則見於民權之忌焉，四則見於日報之禁焉。（註二四）

雖然兩人對於康、梁的主張不以爲然，但是對於政變失敗後，守舊勢力的作爲更嗤之以鼻，他們說：

斯今事未辦，黨已先成，崩敗可爲預決，追覆轍相尋，名傷末路，而守舊不變之夫，又將以是爲藉口，謂西學之果不可行，洋務之果不宜講也。……夫中國所宜者乃變其法耳，非變其人也。（註二五）

這是對當時新舊黨爭所做一針見血的看法。接者對滿人漢人之間的分異，也大不以爲然，他們兩人思想裡並沒有歧視滿人的念頭，而存有天下一家世界一族的觀念。他們說：

是故待人之道，但當問其善不善，不必問其人是否吾類也。……新政之說，但當問其是不是，不當問其爲誰之利也。夫天下一家，中國一人，孔孟之教也，《新政論議》豈能外是。（註二六）

此外，在民權被禁，日報被封等兩點上，他們也反覆申述民權、日報的利益，以圖減低守舊人士的驚慌。

對當時國人仇教仇外的行爲也多所批抨，他們認爲「教門」是所謂漸近自然是也（註二七）而非一定不能信什麼教或是一定要信什麼教。對於宗教的觀念，他們是放任自然，寬恕融和的。

六、**議院民權**：議院民權是他們對張之洞《勸學篇》中反民權主張所作的抨擊，故本章名為《勸學篇書後》。關於「議院民權」是本研究的主要重心，將於下一節及下一章分別論說。但總的說，他們就《勸學篇》的內容，歸納出張之洞的用心在「保一官而亡一國」、「傾天下以顧一家」（註二八）。因而他們提出議院民權的主張，想從此而救一國濟天下。

七、**民用智**：這是整部《新政真詮》的最後一篇（即《新政變通》），也是總整理前面諸篇內容精神所作的結論，開頭兩人整理出當時國內的五大勢力，也就是國內五大派的主張，一是以李鴻章為代表的洋務官僚派，即「托於坐鎮雅俗者」（註二九）二是以張之洞為主，提倡「中體西用」說的洋務官僚派，即「托於變不離宗者」（註三〇）；三是以康有為、梁啓超為首的維新變法派，即「托於新進喜功者」；四是以革命的手段，欲推翻滿清的革命派，即「托於威武以逞者」（註三一）；五是以王先謙、葉德輝為首的傳統保守派，如《翼教叢編》作著所代表的守舊士大夫派，即「凡托於忍而後濟，德大為容者」（註三二）等五大派。兩人一一將各派之缺失逐一舉出加以反駁，而歸結於：唯有行民智（即民權）才能救中國。他們首先對民智和民權做以下的陳述：

民智民權有別乎？無別乎？曰：無別而有別，有別而無別也。民之所知謂之智，民行其智謂之權，智與權雖若判然，而有知則有行，有行實由於有知，知與行相因而

> 至，即權與智相輔而成，故曰有別而無別也。智之生本之於天，權之行歸之於人，智分權雖爲一事，而得於天者，未必守之於人，守於人者，必盡合於天，人與天能一致，則權與智必至相乖，故曰無別而有別也。（註三三）

照他們的說法，民智也就是民權，民權也就是民智。如何把民智用以救國濟世呢？他們認爲：一在學士大夫（註三四）；二在於商農工賈（註三五）；三在於紳耆父老（註三六）；四在秉筆師儒（註三七）。也就是要由學士大夫開始到全國的工農商賈階層去全面實行民權，才是救中國的唯一途徑。這也總結了《新政眞詮》的要旨。

其他對於教育的改革，實學經濟的提倡，可說是附屬於在民權運作下的手段和方法。他們覺得行民智最直接有效的是，全國行「批賃之法」。所謂「批賃之法」，如他們所說：

> 批賃者，謂國家以十八省之地，出賃而聽各省之民承批，或各省之民願批其地而向國家賃取也。批賃之期或爲永遠，或爲百年，或七十五年或五十年，而莫不有章程，訂立斯固因時制宜，因地制利，因事酌裁者也。（註三八）

這等於否定了中央政府的主權和統治，而主張放任地方各自獨立了。他們覺得以當時的中國局勢，沒有搞地方自治，民權議院，中國就不可能永遠是獨立自主之國，華民永遠不可能是獨立自主之民。民智（權）的運用在這裡可說達到最理想的境地，這不得不說是兩人思想中最奇特之處。

以上是《新政眞詮》的內容及其思想展開的大致情形。接著，將於下一節論述其「議會民權」的內容和特色。

第三節　《新政眞詮》中何、胡兩人民權思想的內容和特色

本節主要是就《新政眞詮》中，兩人對民權方面的內在思想和外在形式的實體建議作論述。

所謂的民權，從來有兩種模式來加以歸納，第一種是將民權的重心放在統治者身上，也就是統治者一方面尊重民意，一方面去實行統治，這就是立憲君主制的方式。第二種是將民權放在人民自身的範圍內，由人民自行去管理國政，也就是共和制的方式。

在《新政眞詮》裡，他們主張的民權是什麼？如前所述，何啓從一八七二年至一八八二年，整整有十年以上的時間在英國留學，從醫學入手而旁及法律，且能雙管齊下，精通活用

，這在近代中國知識份子中是絕無僅有的，加以他身處殖民地香港的華人社會，種種外來的文化制度，都對他產生衝擊。在兩種文化的影響下，也產生了殖民地社會知識份子特有的意識型態。這也就是邊緣人性格的媒介者意識。他們欣賞西方的文化科學制度，但是卻厭惡帝國主義的侵略中國。他們和當時中國的大官沒有任何的交情或關連，更談不上影響力，在他們要求改革的過程中不得不去尋求外國勢力的援助，這種特有的性格使他們的民權思想更具特殊性。

眾所周知，一六八〇年開始發生於英國的啓蒙運動很快的散播到北歐，甚至美洲等地。它帶來了近代歐州的文明，促使學術思想、宗教神權、美學藝術逐漸發展，也成為後來法國大革命的推動力，甚至對早期工業革命的產生，民主思想在歐州及美國的趨於成熟等事，無不有推波助瀾的作用。英國的社會環境正是孕育何啓民權思想的搖籃。以下就十九世紀英國的民權思想的演進做一簡介。

十九世紀英國民權及民主思想的演進，主要表現在三個方面：即選舉權的擴大，政府內閣制的發展及下議院權力的提高等。一八三二年通過的改革法案，賦予中產階級大部分成年男人，以及幾乎全部小地主和佃農選舉權，確立了中產階級至高的權力。一八五八年廢止下議院議員必須擁有財產的條件，一八六七年將選舉權擴大到城鎮中所有的工人。一八八四年所有的農人也有了投票權，這意味著民主運作已經發展到想執政就必須爭取一般民眾支持的地步。

至於內閣制的發展，到了十九世紀中葉，已是一般人所能接受，並認爲是憲法中不可缺乏的一部分。一八六七年由貝基哈特（Walter, Bageld）出版的《英國憲法》一書中已將內閣的作用清晰的說明，尤其是當內閣遭下院反對而失敗時，首相同僚必須立即辭職，或解散內閣，交付全民複決。這一點已成一般的慣例，也付諸實施。另外，在下議院的演變過程中，到了十九世紀初期，下院已有國家財政決定權，也逐漸變爲國家權力較大的機構。

何啓在英國留學的時期，正好是處在英國代議制度漸趨成熟的時代。身爲醫師兼律師的他，在此種景下，加上盛極一世的大英帝國的國威，很容易讓這位流著中國人的血，實際上完全受西方教育的改良者，在回到自己的土地上看到自己沒落瀕亡的祖國，興起用英國式制度來改革舊社會的念頭。這些念頭除了經濟物質上的重商主義外，政治制度上也配合本主義體系下和西方政治制度分不開的思想主張。當然在現有中國社會狀況下，適度的妥協是達成改革不可或缺的條件。這使他的民權思想獨樹一格。

在《新政眞詮》中，最早寫於一八八七年的《曾論書後》，似乎沒有對民權提出很具體的建議或看法，對於當時中國法律制度的不公平、不合理已具體的指出，對當時通行的萬國公法的重要性，也再三强調。一八九五年的《新政論議》，已將整個選舉制度、議會制度，甚至內閣制，及對人權保障的陪審制度，監獄的設備改善，報紙的言論自由權等具體的提出。到了一八九八年爲了回應張之洞《勸學篇》中「正權」一節中不當的觀點，於《勸學篇書後》的「正權辯」中解釋了「權」、「自由」等的定義，和民權的意義。至於其他如《新政安行》、《新政始基》等篇，則一再重複申述民權的必然性及正當性。最後的《新政變通》總結民權的精神，就是解救中國唯一的路。

以下就民權思想在精神及實體兩方面來探討他們兩人民權思想的特色。就民權的精神來說：除了西方天賦人權主張外，傳統中國的民本思想也是他們民權思想的一部份遠源，他們說：

> 橫覽天下自古至今，治國者惟有君主、民主以及君民共主而已。質而言之，雖君主仍是民主。何則？政者民之事而君辦之者也，非君之事而民辦之者也。事既屬乎民，則主亦屬乎民。……孟子曰：得乎邱民而爲天下得之云者。……則必行選舉以同好惡，設議院以布公平。（註四〇）

在傳統得民者昌、失民者亡的民本思想下，還將君主隱隱約約的看作大家長，而要求他發揮愛民的仁愛精神，這可看作他對傳統社會的繼承和妥協。可是當他在解釋「權」的定義及來源時說：

夫權者。非兵威之謂也，非官勢之謂也。權者，謂所執以行天下之大經大法，所持以定天下之至正至中者耳。執持者必有其物，無以名之，名之曰權而已矣。以大經大法之至正至中者而論，則權者乃天之所爲，非人之所立也。天既賦人以性命，則必畀以顧此性命之權。天既備人以百物，則必與以保其身家之權。……有不以至中至正而失其大經大法者，民則衆怒莫壓而爲之摧，此非民之善惡不同也，民蓋自顧性命身家，以無負上天所托之權然後爲是也。（註四一）

從這裏可看出，西洋的自然權利論與天賦人權說已成爲何氏思想的一部分，所謂：「顧此性命之權、身家之權」以及「民爲之摧」之主張，和人民有權推翻不良政府的論調，皆已超出傳統的民本思想甚多。權的觀念弄清楚後，接著爲民權下定義，他說：

國者何？合君與民而言之也，民、人也，君亦人也。人人有好善惡惡之心，即人人有賞善罰惡之權。然就一人之見而定，則易涉私心，就衆人之見而覼，則每存公道，是故以好善惡惡之心，行賞善罰惡之權者，莫若求之於衆，民權者以衆得權之謂也。如以萬人之鄉而論則五千人以上所從之議爲有權，五千人以下所從之議爲無權。……以國內一人而論，則不論其人爲民者無權，即爲官者亦無權。即爲君者亦無權，以國內大眾而謂，則無論君在其列者有權，官在其列者有權，即君與官俱不在其列者亦有權，凡以善善從長，止問可之者，否之者，人數眾寡、不問其身分之貴賤尊卑也。此民權之大意也。（註四二）

這裡將民權定位在「人人平等」，「少數服多數」的定義上，接著他又將所謂：「民智」和「民權」相統一，認為只有用民智行民權，才可能創造一個美好的社會。那如何行民權？首先必須行「公舉」，也就是行選舉，他說：

古者中國鄉舉里選，今之外國選舉議員，則相去數千年，地則相隔數萬里，而道合符節者，無他，惟欲用之進於昌明，其揆一焉矣耳。（註四三）

又說：

必使其事有安而無危，有利而無害，眾心慊愜，人地相宜，斯其法乃為可大可久而不可廢，則惟有濟以公舉之一途而已。（註四四）

以上是關於在民權思想中內在精神的主張，即是由民本的傳統，進到西方的天賦人權，再達到人人地位平等，少數服從多數的民主境界。

在民權思想的外在實體方面，主要的內容是議會制度和中央政體內閣制的新政府構想上。在議會制度的主張上，首先就是選舉制度的實施，但是在議會制度的構想方面，他並沒有完全依照西方的政黨政治或直接全面選舉，而是行間接選舉的制度，從地方政府到中央政府，大都如此。在政體組織上，他們認爲全國：

宜縣設一縣官，是謂知縣。府設一府官，是謂知府。省設一省官，是謂總督。知縣、知府、總督，皆於翰林中選舉，其人命官者部員議之，奏聞天子奉璽書而後行。而縣設六十議員，是謂縣議員，一府設六十議員，是謂府議員，省設六十議員是謂省議員。（註四五）

整個新政府分爲三級制。而全國行政官的任用權，是由中央的部員（即內閣成員）提名，送皇帝同意後任命。實際上，官吏的任命和同意權還是在皇帝手上，只是選擇權在內閣手中。而議員的產生方式則是經由選舉產生，但並不是全部各級的議員由人民選出，而是有資格限制式的選舉，他們說：

縣議員於秀才中選擇，其人公舉者，平民主之。而不願爲議員之秀才，可以與願爲議員之秀才也。府議員於舉人中選擇，其人公舉者秀才主之，而不願爲議員之舉人可以舉願爲議員之舉人也。省議員於進士中選擇，其人公舉者舉人主之，而凡不願爲議員之進士可以舉願爲議員之進士也。天子之命官以三年爲任，公舉之議員以幾年爲期，隨時酌定，遇有缺出則以公舉法擇人補之。（註四六）

可知整個選舉制度，被選舉人的資格是有相當限制的。而且選民也都不一樣，除了縣議員由一般平民直接選出外，其餘的則一層一層的往上提高。這可能是爲了適應當時教育不普及，民智未開的中國社會，而不得不有此限制的主張。

但是，對於選舉人的選舉權資格，則是相當進步的主張，他們認爲：

> 凡男子二十歲以上，除暗啞盲聾以及殘疾者外，其人能讀書明理者，則予以公舉之權。（註四七）

這比當時的西洋各國的主張還進步，但是對於婦女的參政權卻一字未提。以上是地方各級的議會制度和行政制度。至於中央政府的議會制度，則是類似一院制的內閣政府爲主，他們說：

> 中央大臣的選舉，皆由議員，宰相由議員公舉，天子任命。部長由各省議員保舉，宰相擇定。議員有罷黜宰相部長之權。（註四八）

這裡的議員是指各省的省議員而言，也就是由進士中被選舉出來的議員。在這裡，何啓並沒有國會議員的構想，這主要是著眼於當時廣大的中國行政區域而言，而主張將全國分爲四個都會，天子以四時巡行四都會，他說：

> 獨是中國地圖廣大，若合各省之議員會於一處，恐形不便……宜分中國爲四都會，

而以京畿所在處爲總都會，合而爲五……天子以四時巡行都會，而聽其議政，書名頒行。（註四九）

這是爲了適應中國實際情況而定的。至於一院制的議會制度則是有其平等重才的特色，他說：

或問外國議員分爲上下兩院，上者公侯，下者百姓，公侯以世襲，百姓以公舉……何也？曰：吾之議此，將以加於外邦君王之國一等也。蓋議政者惟重才德，不重富貴……人必公舉以爲政，以攄其抱負，果才德或遜，則不如退歸林下，而安富尊榮。（註五〇）

在這裡看得出他們對於議會制度的精神是建立在平等和舉能的基礎上，對人的出身並沒有任何差別待遇，所以一院制的議會是他們理想中平等的代議制度。

至於他們的代議制度並沒有類似西方的兩黨或多黨政治的制度，他們有鑑於中國古代一直存在著黨爭這個禍端，一提到「黨」這個字，很容易聯想到「私」的觀念。所以《新政變通》認爲中國當時也有黨人（即新舊黨或帝黨后黨）等問題的存在，爲免黨爭出現，何、胡兩人認爲只要大家一切從公，要不要兩黨或多黨的政治制度，已沒有那麼重要。

至於宰相、議員、君主（皇帝）三者的關係，以及該採取怎樣的國體？他們認爲：英國制的君主立憲方式是最適合當時中國國情的，他們說：

民權之國與民主之國略異，民權者，其國之居仍世襲其位，民主者其國之君由民選立，以幾年為期，吾言民權者謂欲使中國之君世代相承踐天位於勿替，非民主之國之謂也。（註五一）

又說：

莫若國為君主而獨重民權，國為君主，獨重民權則是立國者以有君為榮，利民者以通商為要也，若是者今之英國，其足為中國之法哉。（註五二）

至於三者之間的關係，大體上是仿照英國三權分立均權制的精神，但是其中亦有所不同，例如：

凡為翰林者，其才可為某部長官，則各省之議員必出名保舉……宰相既立，則主上出此等人使之自擇，以期合志同方也。翰林及部長中有具宰相之最者，則各省之議員亦出名保舉……及爰立作相，主上則於此等人之中而擇其一，以期君臣一德也。宰相以三年為期，善其職者留，若曠於其職則天子可以黜之，而令議員另舉，議員亦可以黜之而請天子另取。部員亦然，若善於其職則與宰相同留，若曠於其職，則宰相可以黜之，而令議員另舉，議員亦可以黜之，而請宰相另取也。（註五三）

又說：

政府所令，議員得駁，議院所定，朝廷得散，此政府自有政府之權，議院自有議院之權也。政府之權，非以議院之權較之，則不知其平，議院之權，非以政府之權較之，則不知其平。惟兩兩相較，而其出焉。（註五四）

這樣看來在立法、行政兩權相互制衡的原則下，政府的官吏可以被議員選舉或罷免。但是君主（皇帝）擁有對宰相的任命權和罷免權，尤其罷免權這一項是和歐美的議會制度不大相同的。而且對於司法權的部分和前兩者的關係如何？其獨立性及所屬為何？等問題何啓並沒有提到。

以上是他們對議會制度的根本精神和外在形式的基本主張。

此外，對人權的重視，司法審判的公正性，和言論的免責權等問題的重視也可以看出他們民權思想的特色。

在司法審判方面，他們認為中國的刑法，過於殘酷，審判時不夠公正，對犯人的體罰，和人對禽獸無異，所以他們認為：

中國之法比外國為殘忍獨絕……苦打成招之說，獨有於中華……宜令各省府縣，選立秉公人員或數十名或數百名，所謂陪員是也。每遇重案，則此等人輪值傳赴審司署，少者數人，多者十數人，與審司聽訊兩造之供詞以及律司之辯駁，審畢審司可以其案之情節申論明白，令陪員判其是非曲直，陪員之可之者，否之者，人數多寡以定從違。（註五五）

這裡說的陪員，就是西方司法制度中的陪審員，也就是要仿造西方陪審團制度來達到法庭判決的公正性，並改正中國由行政官兼任司法官的缺點，此外律司就是今之律師，在法庭上他可以爲人辯護，對人權的保護有一定的作用。

另外，對監獄設施的改善和犯人（受刑人）待遇的重視，再一次的表現他們對基本人權的尊重，他們說：

每縣必建囹圄，而囹圄之建必須光爽乾潔，所以卻癘疫滅薰蒸，恤愚蒙期改惡也。司獄者，不許苛虐在獄者，必使循規上司多到巡查，有事則委員代理，凡繫作苦工者，使爲鐵路開礦等事，凡監作官奴者，使爲工作手藝等事，皆給以薄值，則在獄時皆爲有用之人，出獄時無復如前作惡矣。（註五六）

「刑期無刑」是古來獄政的最終的目標，而能在近代的獄政中提出具体主張和方法的人，恐怕何啓是最早的人物之一。這種對犯人（受刑人）人權的重視，在近代的諸多改革家中實不多見。

此外，他們也屢次談到言論自由權的重要。這點主要是見於他們對新聞日報的設立及言論免責權的保障上，他們說：

> 日報之設，爲利無窮，然必其主筆者，採訪者有放言之權。得直書己見，方於軍國政事，風俗人心有所裨益。（註五七）

這裡說的放言之權，就是言論的免責權。此外，他們也特別强調新聞的客觀性和眞實性，並認爲這才是新聞日報設立的主要目的和功能。

以上是兩人民權思想的主張和特色，至於他們對「自由」等名詞的定義和詮釋，將留到下一章再說明。

【附註】

註　一　在這裡必須要說明的是China　Mail　的中文名叫「德臣西字報」，但是日人小野川秀美在其所著：「清末政治思想研究」一書中誤將德臣西字報的英文名譯爲：Daily　Press　，見該書頁三八，故特加更正。此篇的英文原文全文及其他細節可參考前述Ling-yeong　Chiu.論文的附錄，即頁三一四—三三八處。本文也將該文收入附錄，以供參考。

註　二　見沈雲龍主編《近代中國史料叢刊續輯》（台北：文海出版社），第二六一冊《胡翼南先生全集》（以下簡稱《全集》），頁二二二—二二三。

註　三　《新政論議》《全集》I，頁三一五。

註　四　《新政始基》《全集》II，頁四八六—四八七。

註　五　《新政安行》《全集》II，頁六四七。

註　六　《康說書後》《全集》II，頁七八三—七八四。

註　七　《新政變通》《全集》III，頁一〇五一。

註　八　見方豪著《清末維新政論家何啓與胡禮垣》《台灣新世界雜誌》（一九六三年），頁二一。

註　九　《勸學篇書後》《全集》III，頁一〇四七—一〇四八。

註一〇　《新政變通》《全集》III，頁一二一八。

註一一　《新政論議》《全集》I，頁三三〇。

註一二　《新政論議》《全集》I，頁三四六。

註一三　《新政論議》《全集》I，頁三二〇。

註一四　《新政始基》《全集》II，頁五二四。

註一五　《新政始基》《全集》II，頁五二五—五二六。

註一六　《新政始基》《全集》II，頁五三〇—五三一。

註一七　《新政始基》《全集》II，頁五四〇。

註一八　《新政始基》《全集》II，頁五四三。

註一九　《新政始基》《全集》II，頁五八九。

註二〇　《新政始基》《全集》II，頁六〇九—六一〇。

註二一　同註八，頁二二。

註二二　《康說書後》《全集》II，頁八五四。

註二三　《新政安行》《全集》II，頁六四九—六五〇。

註二四　《新政安行》《全集》II，頁七一四。

註二五　《新政安行》《全集》II，頁六九六。

註二六　《新政安行》《全集》II，頁七二五。

註二七　《新政安行》《全集》II，頁七六六。

註二八　《勸學篇書後》《全集》II，頁八五七。

註二九　《新政變通》《全集》III，頁一〇五九。

註三〇　《新政變通》《全集》III，頁一〇六二。

註三一　《新政變通》《全集》III，頁一〇六八。

註三二　《新政變通》《全集》III，頁一〇七二。

註三三　《新政變通》《全集》III，頁一一一九—一一二〇。

註三四　《新政變通》《全集》III，頁一一六八。

註三五　《新政變通》《全集》III，頁一一七五。

註三六　《新政變通》《全集》III，頁一一八二。

註三七　《新政變通》《全集》III，頁一一八九。

註三八　《新政變通》《全集》III，頁一二一九。

註三九　見Edward. Mcnall Burns 著，周恃天譯，《西洋文化史（下）》（台北：黎明文化事業公司），頁三四二—三四九。

註四〇　《新政論議》《全集》I，頁三七五—三七六。

註四一　《勸學篇書後》《全集》III，頁九八六—九八七。

註四二　《勸學篇書後》《全集》III，頁一〇二七—一〇二八。

註四三　《新政變通》《全集》III，頁一二一三。

註四四　《新政論議》《全集》I，頁三四九。

註四五　《新政論議》《全集》I，頁三四九。

註四六　《新政論議》《全集》I，頁三四九—三五〇。

註四七　《新政論議》《全集》I，頁三五〇。

註四八　《新政論議》《全集》I，頁三九九—四〇〇。

註四九　《新政論議》《全集》II，頁四四五。

註五〇　《新政論議》《全集》II，頁四四三。

註五一　《勸學篇書後》《全集》III，頁一〇〇七。

註五二　《勸學篇書後》《全集》III，頁一〇一四。

註五三　《新政論議》《全集》I，頁三九九—四〇〇。

註五四　《勸學篇書後》《全集》III，頁一〇一六。

註五五　《新政論議》《全集》I，頁三七〇—三七三。

註五六　《新政論議》《全集》I，頁三七四—三七五。

註五七　《新政論議》《全集》II，頁四七七。

第四章　時代的回應與衝擊

——何、胡兩人和當時士人的論爭及差異

在進入本章的主題之前，筆者想將清末，特別是從一八六〇年至一九〇〇年間，所謂：晚清政治思想的流程與演變，做一簡短的說明。這對本章所要解說的論題必有不少幫助。

眾所周知，一八四〇年的鴉片戰爭，帶給近代中國的只有對西方初步的認識和反應。而眞正讓近代中國士大夫感受到「西力」的衝擊的，應該遲至一八六〇年以後。一八五八年及一八六〇年二次的英法聯軍，把皇帝嚇跑、皇城也給燒了。這對數千年來一直以天無二日、地無二主，充滿著大中華意識的大清臣民們，都不得不承認是千古以來未有的大變局。如何去適應這個變局，則是晚清後五十年政治思想史上最重要的課題。

一八六一年當恭親王奕訢看到洋人在簽完條約後立即退兵，他認爲洋人要求的是履行條約，並不圖中國土地人民之利，並以爲洋人：

> 猶可以信義籠絡，馴服其性，自圖振興，似與前代之事稍異。（註一）

因此，清廷在一八六一年創設總理衙門，以便處理夷務。也就是說，應變的方法是從外交著手的。接著爲了要治本探源，要「師夷之長以制夷」，於是練兵、制器也就如火如荼的展開。起先是發展國防工業，以船堅砲利爲目標，後來發覺洋人是著眼於與中國通商，也就是經由發展商業的過程中取得了無盡的財富。於是認爲强國之基必須植於富民之上，重商的思想、發展實業的計劃也就漸漸的展開了。商業利權的競爭取代了外交的折衝，商戰的觀念取代了兵戰的觀念。所謂洋務運動的內容就是指著這些歷程。當然這一切的作爲無非是要求國富兵强。

同時有一部分的知識份子和官僚，發覺西方的富强，不僅取決於船堅砲利、商工發達，更重要的是怎麼產生和創造這個社會的文化環境和人文背景。在這一文化意識的自覺下，一部分的知識份子和官僚提出了變法的要求。從一八六一年馮桂芬的《校邠樓抗議書》提及西人優越的教育制度開始，接著薛福成的外交思想，王韜、鄭觀應主張議院制度，這些新觀念相繼引進以後，國內也產生了重視國家主權和治外法權的觀念。如何重新思考中國所面對的新世界，並去尋求適應國際現狀，從而爲中國找出一條可以在國際上立足的生路。這是中日甲午戰爭以前在西力衝擊下的新課題。這時期曾紀澤應說是一個典型的例子。他在一八八六年用英文發表的《中國先睡後醒論》，該文的內容，將於本章第一節探討。

在此時期，西學也大量的被中國士大夫所接受。特別是中日甲午戰爭之前，知識份子經由教會人士手中，輾轉得知的關於西洋政教的知識，議會政治及法律制度的認識，已經漸漸的孕育出日後變法的種子。可是在一八九四年的中日甲午戰爭，其結果是東方的文明古國被新興的小鄰邦日本給打敗了，不僅如此，列強瓜分中國的腳步，更是日夜不停的展開，幾乎所有的中國沿海港灣都成了租界。各國在中國任意的劃分勢力範圍，似乎完全沒有「中國」這個國家存在。那些略有西方知識，內心充滿報國濟世的士大夫們，在「保國」、「保教」、「保種」的號召下，民族主義和國家主義就像水銀瀉地一樣的迸裂開來。康有為正是這時期的代表人物，本章的第二節將就他那熱血昂揚的「保國會第一集演說」作探討。

另一方面，在應付整個變局的過程中，一部分知識份子去適應西力的衝擊，從而提出了種種的應變主張，另一部分人卻捨不得放棄傳統的社會，對於一切外來的新措施，新制度一概加以排斥，甚至有的人「聞鐵路而心驚、覩電杆而淚下」，閉塞固陋的情狀屢聞不鮮（註二），這時，在保守與進取之間，有一種調和的思想應時而生，就是大家耳熟能詳的「中體西用」的觀點。這就是張之洞《勸學篇》中所揭示的「以中學為體、以西學為用」的主張，本章第三節將就這一問題做探討。

上述這三位人物和本文研究的對象──何啓和胡禮垣，正好因思想和看法的差異而引發論爭。筆者希望透過這些論爭去觀察何、胡兩人民權思想上的特色，並作爲最後一章作結論時，歸納與比較的基礎。

第一節　《中國先睡後醒論》與《曾論書後》的論爭

《中國先睡後醒論》的作者是曾國藩的兒子曾紀澤（一八三九—一八九〇），他曾努力學習西學，對於洋務甚爲留意，並且廣泛涉獵物理、化學等西學，對數學一科更是戮力深究。他從三十二歲開始學習英文，最後也能以英語和洋人交談。《清史稿》說他「少負儁才」（註三）。他可說是當時積極認識西方的洋務官僚。一八七八年至一八八五年間，他受命出使英法，後又兼使俄國，在外交事務的成就一直被當時人所肯定。同時作爲當時洋務派官僚的理論家，他對當時及日後中國外交政策有著相當深遠的影響。

本文是他於一八八六年七月卸下駐英、俄大臣時所寫的文書。該文最早發表於倫敦的《四季錄》（Asiatic Quarterly Review），時間是一八八七年一月，題名是：China t-he Sleep and the Awakeing，但是據後人研究，該文主要是當時他的英國人秘書Sir Hallday Macartney所代筆的（註四），經他同意後發表。文中大意是說：過去的中國，因爲沈迷於自已過去偉大而悠久的歷史，所以輕忽了對外的發展，以致遭受了外力的侵擾。這是指中國的睡而言。至於現在，由於皇室的振作兼以李鴻章整飭軍備的成功，「整飭軍制」、「堅固砲台」、「精利器械」（註五）的工作已在實施中，所以中國從此將由睡的階段一轉而爲醒的階段。今後中國的基本國策，最主要的是要：(1)善處寄居外國之華民；(2)申明中國統屬藩國之權；(3)重修和約以合堂堂中國之國體。全文也就是說：當前的中國所急需的要務是從軍事上的整備去著手以作爲外交上折衝的實力，進而與世界各國並駕齊驅。即所謂軍備外交先行論。至於國內經濟民生之事，可以暫且放著不管，要緊的是先强兵强國，正如他說：

> 蓋邦交一事，實係今日急務，不可緩圖，至於國內政事，何者或宜整飭，余暫不言。蓋國勢既強，則籌度國是、肅整紀綱始爲有益，譬如居室，先須繕完垣墉，修固門鍵，無穿窬之虞，然後可以清理內務。……中國目前所最應整頓者如下數耳，一善處寄居外國之華民，一申明中國統屬藩國之權，一重修和約以堂堂中國之國體。（註六）

以上的見解可看作是十九世紀八十年代洋務運動人物的主要思想。即認爲軍備的整飭，可做爲外交上爭取國權的後盾，並能使中國重新立足於世界强國之中。

對這樣的見解，何啓在一八八七年二月十二日香港的德臣西字報（China Mail）發表了（China - The Sleep and The Awaking - A Repley to Marquis Tseng）（即後來的《曾論書後》）（註七），在這篇文章裡，他指出曾紀澤的主張是本末倒置、捨本逐末，所謂：

> 置車於馬前，其效之所至，退也，必非進也。（註八）

他認爲治國如同建屋，也就是要基址永固，才保大廈可成，亦即必須先安內才可以攘外，這和曾的看法，基本上是完全相反的，他們借用中國孔孟的民本思想，以爲治國之要無他，乃在：

> 公平之政令而已。（註九）

並認爲，曾的見解乃是違背古來聖人的意旨，也就是犯了：

> 本末舛逆，首尾橫決，緩其所急，急其所緩。（註一〇）

的毛病。中國當時衰弱的原因最主要還是在內政的不修，而內政所以不修，是因爲民心背離。也就是人民對政府沒有信心。內政不修的原因很多，他們主要歸因於沒有公平的政令。也就是政府不重視人民的權益，如同他們認爲中國科舉取士的弊病，根本沒辦法使賢才出頭，賣官鬻爵（即捐納）的風氣，只有加深內部政治的腐敗，吏治的不明帶來法律的不公，人民對政府的施政自然就沒信心了。所以他們認爲治國的根本，還是去找回人民對政府的信心，他們說：

民以爲公平者，我則行之。……吾但以民之信者爲歸，公平有變法，吾但以民之信者爲主，夫如是則民信矣。民信則借款可以與，借款與則商務可以振，商務振則大利可以圖，大利圖則軍威可以壯，軍威壯則外敵可以寧，至外敵寧而復加以保泰持盈之學使其效至於神武不殺、至德無功，則治天下之道盡於斯矣。(註一一)

從上面的這段話，可知治國的程序不外是：建立公平的政令↓樹立人民的信任↓得民心↓始內治↓外治成↓得天下。這樣的程序可以看出他們彼此之間在出發點的不同，即何、胡兩人強調人民的利益優於一切外在的作爲，沒有公平的法律使大家對政府有信心，其他制器禦外的事也就免談。這點又可從他們提倡民爲君先說更明白看出來，他們說：

民之於君爲更貴，以有民不患其無君，而有君獨患其無民也。此以見民之於君爲尤先，以有民然後有君。(註一二)

這和曾紀澤站在皇帝家臣的地位上，只有記得皇家的安危，不理百姓生計的觀點，是判然不同的。

第二節 《保國會演說集》與《康說書後》的論爭

一八九四年的中日甲午戰爭，其結果是領土廣大、人口眾多、歷史悠久的中國，敗給了只有經過二十年明治維新的新興小國—日本。這給當時中國的知識份子帶來的衝擊，無異是亡國、亡種、亡教的危機意識。順勢興起的就是在保國、保種、保教的國家及民族主義號召下，熱血澎湃的主張。當時士大夫的感受，正如康有為所說的：

> 聽人驅使，聽人割宰，此四千年二十朝未有之奇變。加以聖教式微、種族淪亡，奇慘大痛，眞有不能言者也。（註一三）

《保國會演說集》，也就是在這種民族主義的驅使下所產生的。本文充滿著激情澎湃，發憤救亡，孤注一擲的情節。例如：

> 吾四萬萬之人，吾萬千之士大夫，將何依何歸，何去何從乎？故今日當如大敗之餘，人自為戰，救亡之法無他，只有發憤而已，窮途單路，更無歧途。……人人懷此心，只此或有救法耳。（註一四）

在這殺氣騰騰、人自奮戰的氣氛裡，身居海外的何、胡等人，在性格上並沒有如國內知識份子那種被傳統倫理、忠君愛國、保種保教的道德觀念所束縛。裂土喪師、亡國亡教的危機感，並沒有很深刻的在他們身上感受到。反而是講求實事求是，依照事實環境加以綜觀世界大局的判斷，橫在眼前急迫的實利實益，才是他們處理中國事務的理念，這常常表現在他們對中國當時官僚及知識分子的批評上。就領土意識來說，他們並沒有要土地多大的情懷，反而著眼於土地的有無利用價值。所以，他們批評左宗棠的平定新疆只是：

> 得萬里之地而貧不若得千里之地。……左公之所征也，而畜牧則不給，墾土則無功，於中國實爲無用。（註一五）

又如，甲午戰後，中國以三千萬贖回遼東一事，他們也認爲：

> 中東之役，以三千萬贖回東三省。雖曰發祥之地，退步之鄉，不可不顧。然試問定鼎之功果在地乎？抑在人乎？……東三省之於中國是不能自給者也，名入版圖，已同疣贅，實耗膏血，等於癰疽。（註一六）

這是代表條約港或租界地裡知識份子最典型的意識。經由這種意識，他們所認同的是實事求是的西方資本主義通商重利的精神，現實利益是他們對事理判斷取舍的主要標準。

他們也批評中國士大夫對西學的一知半解，甚至沒有誠意，他說：

> 他如《經世文續編》、他如《海國圖志》等書爲文壇巨製，尚言西國教門，有挖眼剖心之事，謠言捏造、誣惑人心，儒家者流先入爲主，然後知盧、林、葉諸公之所

為，當時縱易以他人，不過亦復如是而已。（註一七）

又如，對當時派留學生出洋一事，他們也說：

斯時也，……人以為中國之興將從此始，而深識之士轉覺憂之，憂之為何？則以士大夫驕傲滿盈之心，未嘗一變也。（註一八）

他們長期生長在殖民地，受洋人文化制度的影響，對洋務和西學的認識應該比國內的知識份子來得深刻。因此他們也就看不起那些略知洋務西學而驕傲滿盈的中國士大夫。

上面種種差異的結論，自然是認為康有為所謂的「人自奮鬥」的方式是：

康君救時之言固人所樂聞也，及校其所以救亡之法，則謂窮途單路，更無歧途。……康君意在救時，特其義憤之辯未明，故有是說。（註一九）

在這裡，所謂：「義憤之辯未明」，最足以說明他們和國內改良派最大的不同。就是他們對所謂的民族主義、國家主權、領土意識、種教的堅持是不甚强烈的。反而是對個人的現實生活，和對環境的適應才是關注的所在，當然對於民權思想的主張，也是在同一心情下出發的，也就是要使人人擁有民權的保障而過好日子，而不是因為要過好日子才去提倡民權。這在目的和手段上的不同，是他們和國內改良派在出發點上最大的差異。

第三節 《勸學篇》與《勸學篇書後》的論爭

清末的自强運動，經由甲午一役，證明了只求學習西藝西技，從而想趕過西方列强是行不通，且也是自不量力的，於是代之而起的是變法運動。變法運動的推展，起先是假「托古改制」或「西學東源」的主張來作爲自己變法理論的根據。這種主張是西人政教理論，和舊社會所留下的文化環境溶鑄而成的。這些主張中，對於當時及後世影響最深遠的莫過於「中體西用」的觀念。

根據研究，「中體西用」的觀念，至少在同治、光緒年間已被引用，可是眞正的盛行，應當在甲午戰敗之後（註二〇）。而其中最被熟悉的要推張之洞所著《勸學篇》的一段話，即：

> 新舊兼學，四書、五經、中國史事、政書、地圖，爲舊學；西政、西藝、西史，爲新學。舊學爲體，新學爲用，不使偏廢。（註二一）

張之洞（一八三七—一九〇九）是清末最有權力的洋務官僚之一。特別是一九〇〇年李鴻章死後，他可說是操縱整個中國政局的人。他所作的《勸學篇》約成於一八九八年三月，全篇主要分內篇、外篇兩部分，內篇有九章，外篇有十五章，其主旨是「內篇務本，以正人心；

外篇務通，以開風氣」（註二二），亦即「會通中西，權衡新舊」，目的在救亡圖存，立意在統一眾說。即一面要使當時士大夫的思想趨於一致，一面欲防止民主與革命觀念的發生與擴展。總的說來，此文的主張不外在保國、保教和尊君這三點上。在他看來，要達成這三點目的最根本的作法，就是要把「民權」的觀念徹底消滅，以杜亂根。所以特別作《正權篇》以闡明這其中的道理。對這樣的主張，何、胡兩人針對《正權篇》的觀點加以反駁，同時提出他們民權思想的要義（註二三）。以下說明兩者間的論爭過程。

張之洞的《正權篇》一開頭就反對民權的主張、他的理由是：

今華商素鮮鉅貲，華民又無遠志及大舉籌餉，必推諉默思……且華商陋習，常有藉招股欺騙之事……若盡廢官權，學成之材既無進身之階，又無氣廩之望……非國家擔保，豈能借洋債……使民權之說一倡，愚民必喜，亂民必作，紀綱不行，大亂四起。」（註二四）

從這段話看出張之洞反對民權的理由，不外是中國的資本家少，當不起議員，在他的腦子裏覺得議員就是在爲國家籌款的人。此外，中國人缺乏守法觀念，沒有官權來壓制則社會秩序會大亂。另外民權會帶來科舉的廢止，眾多的學子士夫將無所生路，國家就很難培養人材。還有民權一提倡，官權就消滅了，國家的對外借款就因爲沒有擔保而借不到錢，練兵製器的事就免談了。上述這些理由歸納起來，張之洞的意識裡覺得民和官是相對立的，所以民權和官權也是相對立的，如果民權一興那就會亂民作，亂民作就會燒教堂殺教士，引起列强派兵干涉，那中國就得走向滅亡的路。

總之，他所認同的民權，僅僅是：

> 國有議院，民間可發公論達眾情而已，但欲民申情，非欲民攬其權。（註二五）

他認爲民權就是公論而已，人民只有說的權力。至於一切事物的決定和選擇權還是在官方手裡。所以張對當時將民權解釋爲「人人有自主之權」的說法，認爲是妄語，只會將國人帶向滅亡的途徑。

張氏對自由的認知更可看出他思想的頑固，他說：

> 外國今有自由黨，西語實曰：里勃而特，而特猶言事事公道，於眾有益，譯爲公論黨可也，譯爲自由非也。（註二六）

如前述一樣，他對自由的定義，還是停留在公論的範圍內，這是因爲他認爲一切救國之道只有：

> 以忠義號召合天下之心，以朝廷威靈，合九州之力，乃天經地義之道，古今中外不易之理。（註二七）

也就是他所强調的：「惟國權能禦敵國、民權斷不能禦敵國。」（註二八）在保國、保教、尊皇的前題下，個人自由在張之洞的眼中都是會妨害國事，動搖國本的事。他心裏只有封建意識的官權，且把皇家看做國家，把皇權看做國權。因此，只好將所謂「民權」限制在公論的範圍內。人民只能提出個人意見，但一切決定則是在官府，即所謂「建議在下，裁擇在上」。講歸講，作歸作，彼此並沒有必然的權利和義務的關係。

對於這種解釋，何、胡兩人提出反駁，他們在《勸學篇書後》的《正權辯》中，首先就「權」這個字下定義，即是：

> 所執以行天下之大經大法，所持以定天下之至中至正者。

而權的來源是：

> 乃天之所爲，非人之所立也。（註二九）

進而導出天所賦與人的性命身家及百物之權。對權下過定義後，接著說明如何行使權，他們說：

> 天聰自民聰，天明自民明，加以民之所欲，天必從之，是天下之權，惟民是主，然民亦不自立爲也，選立君以行其權。（註三〇）

也就是用選舉制度來執行這個權，而議院的方式就是選舉制度下最直接的表達方式，所以他們說：「民權之復，首在設議院、立議院。」

爲了反駁張之洞對西洋議會制度的無知和功能的誤解，他們兩人特別解釋議員的責任是什麼？他們說：

> 議院議員之所知者，惟務本節用之大經，安上全下之大法，以及如何而可以興利，如何而可以除弊……至於環球大勢非其所需知也，國家之經制非其所必守也，外國政教兵器等事知之也可，不知亦可，皆非議員之責也。議員之責在決其事之可行與否，非在能督辦其事也。（註三一）

這等於在教導張之洞議會的功能是什麼？議員的責任是什麼？議會行使立法權，它和行政權是要分開的。立法權重要的是如何遵行人民的意思來行事。至於如何達成人民的願望則是行政官僚的事，並不是議員的職責。他們接著指出中國和西洋最大的不同就是：中國的君主政體將行政、立法兩權不分而集中於皇帝一人身上，皇帝常以個人的好惡去決定政事，這麼一來，因爲私心所產生不公的現象，混亂也隨之而至。至於西洋的政體，則是君主有行政權來行使政府的統治權，而人民有議會去行使立法權和執行對政府的監督權，這樣兩者之間因爲「互相得駁而其平出焉。」（註三二）

至於張之洞把「里勃而特」（自由）曲解爲公論，這點兩人也提出他們的看法，他們說

：

夫里勃而特與中庸天命之謂性，率性之謂道，其義如一，性曰天命，則其爲善可知矣，道曰率性，則其爲自由可知矣。是故凡爲善者，純任自然之謂也……是使人得以率性也，是自由也。……泰西以自由爲顯忠遂良，明罰敕法之謂。今乃誣之爲蕩檢踰閑，肆無忌憚之謂。故雖知其爲事事公道，於眾有益，而又祇許之爲公論，而非其爲自由，不知天下之善不在乎能論，而在乎能行。（註三三）

從這裏看出他們把自由認爲是率性自然，也就是要尊重人與生俱來的自然權力，並且要使這自然權利，付諸實行而不是只說說而已。這和張之洞把自由看做是「蕩檢踰閑，肆無忌憚」的定義，剛好是强烈的對比。

最後他們兩人將民權和國家的關係及其定義做更明白的解釋，他們說：

國者何？合君與民而言之也，民、人也，君亦人也，人人有好善惡惡之心，即人人有賞善罰惡之權。然就一人之見而定，則易涉私心，就眾人之見而觀，則每存公道。是故以好善惡惡之心行賞善罰惡之權者，莫若求立於眾，民權者，以眾得權之謂也。……凡以善善從長，止問可之者，否之者，人數眾寡，不問身分之貴賤尊卑也，此民權之大意也。（註三四）

這裡將國家不等於皇家，將民權定義在人人平等，以大多數人的意見決定一切政事，無非是告訴張之洞，人民才是國家的主人，必須尊重這大多數人的意見行事，才是救國的根本之道。

以上三節是他們兩人和當時士大夫因爲事理見解的不同而產生的論爭。經由上述的論爭，我們可以看出彼此之間的差異，更從而體認他們在近代民權思想中的特色。

【附註】

註一　見《籌辦夷務始末·咸豐朝》，卷七一，頁一八。

註二　見王爾敏著《中國近代思想史論》（臺北：華世出版社，一九八二年一月三刷），頁一六八。

註三　見趙爾巽等《清史稿·列傳》（北京：中華書局，一九七七年十二月一版）卷二百三十三，頁一二四七八。

註四　見G. H. Choa 著 The Life and Time of Sir Kai Ho Kai The Chinese University Press 一九八一，頁九九。

註五　見沈雲龍主編《近代中國史料叢刊續輯》（台北：文海出版社）《胡翼南先生全集》（以下略稱《全集》），頁二九八—二九九。

註　六　《曾論書後》，《全集》I，頁二〇一。
註　七　原文附錄於最後以供參考。
註　八　《曾論書後》，《全集》I，頁二二八。
註　九　《曾論書後》，《全集》I，頁二二九。
註一〇　《曾論書後》，《全集》I，頁二三〇—二三一。
註一一　《曾論書後》，《全集》I，頁二八一。
註一二　《曾論書後》，《全集》I，頁二六五。
註一三　《康說書後》，《全集》II，頁八四二。
註一四　《康說書後》，《全集》II，頁八五〇。
註一五　《康說書後》，《全集》II，頁八〇二—八〇三。
註一六　《康說書後》，《全集》II，頁八〇三—八〇四。
註一七　《康說書後》，《全集》II，頁七九七—七九八。
註一八　《康說書後》，《全集》II，頁七九九。
註一九　《康說書後》，《全集》II，頁八三六—八三七。
註二〇　見王爾敏著《晚清政治思想史論》（台北：華世出版社，一九八〇年十一月三刷），頁五五。

註二一　《張文襄公全集㈥》（台北：文海出版社，一九六三年八月初版），頁三七二八。

註二二　同前書，頁三七〇二。

註二三　此處請參看《勸學篇書後》頁八五六前言中有：「初僅欲將其「正權」首爲書後」之語，可見兩人的《勸學篇書後》主要是針對這篇而來的。

註二四　同註二一，頁三七一五。

註二五　同前書，頁三七一五。

註二六　同前書，頁三七一六。

註二七　同前書，頁三七一六。

註二八　同前書，頁三七一六。

註二九　此部分之出處及其說明，見本論之第二章第三節部分。

註三〇　《勸學篇書後》，《全集》III，頁九八八。

註三一　《勸學篇書後》，《全集》III，頁九八九－九九〇。

註三二　此處請參看本論第二章第三節「政府所令議員得駁，議院所定，朝廷得散……而平出焉。」之處。

註三三　《勸學篇書後》，《全集》III，頁一〇〇五。

註三四　《勸學篇書後》，《全集》III，頁一〇二七－一〇二八。

第五章　結　論

在前面的各章節裡，我們可以看出，在十九世紀的後半葉裡由於香港的特殊環境─即在外國人用西方的文化制度統治的殖民地所培育出來的中國知識份子，他們有關中國社會和政治的改革思想，總是帶有邊緣人性格和媒介者意識。這個特色在何啓和胡禮垣兩人身上也不例外。

何啓，這位少年時即負笈英倫三島的華人，在十餘年的留學歲月中，拿了大英帝國給的醫生、律師執照，娶了洋老婆，回到香港又在殖民地議會裡當洋人委派的議員。我們不得不說，在他的生活意識裡，已有相當西化的成分。因而他的思想和政治的言論，也深受西方政治理論的影響。所以我們可以從他的《新政眞詮》中明顯的看出，從「曾論書後」中對當時中國法律缺乏公平性及對人權的戕害的批評開始，到「新政論議」中詳細而完整的規劃了一個新政府的藍圖─這個新政府是以英國式的君主立憲制政府爲主體，以尊重人的自然權利爲本質，對於人的生命權、財產權加以保障，在這些原則下提出了改革中國社會和政治制度的大計劃。

這個計劃的主要構成要素，即是藉提倡民權的理念和制度來推動整個時代的改變和進步。而他的民權主張，在精神上，是對人性的尊重和對個人權利的强調，這可從他對「權」的定義，民權的界定，新聞言論的免責權，以及要求建立公正的陪審團和辯護制度，改善監獄的措施，提高犯人的待遇等方面明顯的看出來。

在實體上，是對於政治制度的改革。他那套新政府的藍圖，勿寧說是一種在傳統民本思想和西方的天賦人權理念下融合而成的特有主張。它包括一個內閣制的議會制度，但是卻沒有西方政黨政治下的運作，而是承襲傳統中國社會「選賢舉能」的精神出發的。同時也沒有一個全國性的大議會，而將議會分別設在全國的四大都會下運作，以適應中國社會的情況。對於選舉制度，他甚至比當時西方社會更前進的，認爲應將選舉權賦予每一個有行爲能力的成年人，而沒有任何財產制度的限制。但是採直接民選的議員，則僅限於縣級，至於州、府及省級議會制度則採取間接選舉的精英主義式；即州、府的議員由縣的秀才選出、省的議員由州府的舉人選出。因爲他顧慮到中國教育未普及，民智未開。

此外，他的民權主張，因爲和當時當權的地方督撫和中央官僚，及國內改革派知識分子，彼此主張和認知差異甚大，因而引發了對他們的批評，在這些「書後」的文章裡，他反覆重申民權的精神和實質，以便反擊那些對西方制度文化（西學）了解不夠深入或一知半解的中國官僚和知識份子。

曾紀澤因對西方社會制度及中國自身環境的了解不夠，誤以爲西方的船堅砲利所帶動的國際外交能使中國由睡而醒，忽略了中國本身內政的整治改良才是使中國由睡而醒的唯一途徑。在「本」「末」觀念的引導下，何啓提出了當時中國由安內而攘外，由本而末的改革主張。首先，主政者必須在法律公正的努力下，才能使人民對政府有信心，然後才能安內，安內之後才能攘外，攘外以後才能得天下。何啓主張「民之於君爲更貴，以有民不患其無君」的民本思想和曾紀澤相比較，很明顯的，何啓是站在人民的立場，主張社會的公平和公理。

在「康說書後」裡，何啓反駁了康有爲提倡的激烈民族主義的主張。更批評了中國自日本手中以三千萬元贖回遼東半島一事，以及左宗棠收回廣大不毛的新疆一事，認爲這是「尋千萬人力換回無用之土，退步之鄉」的舉動。一位殖民地出身的改良者，民族主義和土地意識是相當缺乏的，他們重視的是實用或實在的利益，做爲一個媒介者，其特色也在此。因爲這個特色更突顯了他們對於形式主義和傳統舊習的鄙視。這點，使他們更適合對環境做徹底改革。

在《勸學篇書後》裡，他們對於一切以中國傳統爲中心，而以西方技藝爲用的「中體西用」者；提出了强有力的批評。他們認爲：祗有西體才能西用，中體西用是行不通的。同時，在民權思想上，對於不了解民權內容和意義，因而一味反民權的張之洞，也提出了强烈的批評，認爲張是「保一官而亡一國，傾天下以顧一家」。他們很仔細的爲「權」和「民權」定義，也界定自由的意義，進而詳細的說明民權的具體內涵和精神，及對議會功能的認識和功效。澈底給張之洞上了深深的一堂民權課。何氏也是近代中國社會中最早對西方民權思想做如此周全而深刻介紹的人。我們可以參考和他們同時代也同樣有留英經驗的嚴復，對自由民權的界定和認識，由彼此認知的不同，看出他們間的差異。

嚴復（一八五四—一九二一），福建侯官人，他是近代中國向西方追求眞理的重要先驅者，他的思想對當時及後世有極其深遠的影響。他和何啓一樣，曾經到過英國留學，何啓是一八七二—一八八二年，嚴復是一八七七—一八七九年，留學時間何啓比嚴復要長。同一時期的留英經驗，兩人對西方的種種制度或精神物質的刺激應該是一樣感受到的。但是嚴復受到赫胥黎（Thomas Huxley）、斯賓塞（Herbert Spencer）斯密亞當（Adan Smith）、穆勒約翰（John Stuart Mill）等人學說的影響，所以他翻譯了赫胥黎的《天演論》、斯賓塞的《群學肄言》、穆勒的《群己權界論》（自由論）、斯密亞當的《原富》等書，在理念上，他受達爾文進化論的影響，發展了他那具有無比影響力的進化論學說，他那「物競天擇，適者生存」的名言，不知鞭策了多少近代國內知識份子去推動他們的政治改革主張。但是正如李澤厚所說的：

《天演論》的特點恰恰在於它不是赫胥黎原書的忠實譯本，而且是有選擇、有取舍、有評論、有改造、根據現實、取便發揮的「達旨」（《天演論譯例言》），這本書所以能起巨大影響，原因也在這裡，它對外國思想的介紹翻譯沒有生搬硬套，而是力求服務當時中國的需要。（註一）

上述的「取便發揮」及「服務當時中國的需要」的話，正可反映彼此因出身不同，對事物的看法，也就有很大的差異。

嚴復也談「自由」二字，他甚至是最早對自由下定義的近代思想家。他在一八九五年所發表的《論世變之亟》一文中對自由的界定有這樣的一段話：

夫自由一言，眞中國歷史聖賢之所深畏，而從未嘗立以爲教者也。彼西人之言曰：唯天生民，各具賦畀，得自由者乃爲全受，故人人各得自由，國國各得自由，第務令毋相侵損而已。……中國道理與西法自由最相似者曰恕，曰絜矩。然謂之相似則可，謂之眞同則大不可也。何則？中國恕與絜矩，專以待人及物而言，而西人自由則於及物之中，而實寓所以存我者也。……粗舉一二言之，則如中國最重三綱，而

西人首明平等，中國親親，而西人尚賢，中國以孝治天下，而西人以公治天下，中國尊主，而西人隆民。」（註二）

從上引的這段話，可以看出同樣是對自由下的定義，嚴復則受限在傳統的尊君、以孝治天下、重三綱、親親、尊主等傳統的倫理道統觀內，所以只能把自由用於待人及物，而不能及於物之中。反觀何啓對自由的定義則是傾向於講平等、重隆民、以公治天下、尚賢等將自由及於物中的西洋式的自由精神。兩者在目標和層次上的差異是顯而易見的。

關於嚴復自由主義思想的研究中，著名的嚴復思想研究著史華慈教授（B.J. Schwartz）有這樣一段精彩的話：

斯賓塞、赫胥黎，甚至穆勒本人，實際上都教導嚴復不去相信革命的神秘魅力，他們都教他相信人類的演化是個漫長、艱苦、緩慢、累積的過程，不可能有奇蹟似的跳躍前進情形。從各個標準看來，中國處在落後的發展階段……以對付野蠻人而言，專制政府就是一種合法政府。……做爲一個原則，在人類能藉自由和平等的討論以改進自己以前，自由就不能適用於任何事情。……嚴復的西方宗師們教他反對所有可用來首肯當日中國適於共和革命的可能論點，達爾文主義者和實利主義者都拒斥自然權利思想。（註三）

嚴復的思想拒斥自然權利的主張，又可以從他所說的話裏看出來，他說：

盧梭民約，其開宗明義，謂斯民生而自由，此話大為後賢所呵。（註四）

這樣看來，嚴復是反對天賦人權的，他說的自由只不過是受西方國家主義者的影響，想把自由規範在國家主權的範圍內，這和何啓是大不同的。

總的來說，嚴復以一個官僚知識份子（這和近代國內改良知識份子類似），他從「天下興亡，匹夫有責」的傳統尊君愛國，或者國家主義的觀念上出發，為了救國、救亡的目的，將自由和民權的一切內涵和詮釋嵌入國家的範圍內。他把自由民權，看作是救國的一個方法和手段，所以他同情有關改革的主張，甚至也贊成變法立憲，倒向康、梁的陣營去。可是他們從來沒有為了爭取人的自由和主張人人平等的民權做過考量，他只是從上往下看，忽略了個人的存在。反觀何啓，因種種條件和環境的差異，他沒有傳統知識份子在文化背景上的負擔，也沒有清王朝所給的一官半職，他只是殖民地出身的華人，從小就徹頭徹尾的接受西方的教育，過者西化的生活，娶洋女人，當殖民地政府委任的議員，在洋人文化的薰陶下，加以處身於必須靠通商才能生存致富的殖民地下，他們看中國，至少是少掉那些傳統道德和國家主義所衍生的包袱。所以他們的民權主張，很容易站在個人的立場，强調個人的自然權利，以求取個人在社會上過比較公平競爭的生活。他所重視的是現實生活中可能做的事務，是從下往上的方向，所以民權對他們來說是一種目的，也就是與生具有的權利。他們的改良主張，儘可能的不去和當權者有強烈的衝突，可是當他們發現，他們的理念和主張沒有辦法被當權者採納，或是影響他們時，反過來，他們會去尋找，和他們主張比較接近，且有機會去實行這個理想的代言人，所以他們很容易的去協助孫中山的革命運動，甚至完全倒向革命的陣營。

【附註】

註　一　李澤厚著《論嚴復》，《歷史研究》，一九七七年二期，頁七三。

註　二　王栻主編《嚴復集》第一冊（北京：中華書局，一九八六年一月一版），頁二—三。

註　三　見史華慈等著《近代中國思想人物論—自由主義》（台北：時報出版公司，一九八〇年六月初版），頁一一三—一一四。

註　四　同前書，頁一三三。

參考書目

一、中文專著

丁寶蘭主編　嶺南歷代思想家評傳　廣東人民出版社　一九八八年一月第一刷。

丁鳳麟、王欣之主編　薛福成選集　上海人民出版社　一九八七年九月第一版。

兀冰峰著　清末革命與君憲的論爭　中央研究院近代史研究所專刊⒆　民國六十九年六月再版。

中國孫中山研究學會編　孫中山和他的時代——孫中山研究國際學術討論會文集上、中、下冊　中華書局　一九八九年十月第一刷。

中央研究院近代史研究所主編　六十年來的中國近代史研究　民國七十七年六月。

中共中央黨校文史教研室中國近代史組編　中國近代政治思想論著選輯上、下　中華書局　一九八六年二月第一版。

文慶　籌辦夷務始末　台北國風出版社　民國五十七年五月初版。

中華書局編輯部編　紀念辛亥革命七十周年學術討論會論文集上、中、下　中華書局　一九八三年六月第一刷。
王爾敏著　晚清政治思想史論　台北華世出版社　民國六十九年十一月三刷。
中國近代思想史論　台北華世出版社　民國七十一年一月三刷。
王栻主編　嚴復集　中華書局　一九八六年一月第一刷。
王遽常編　嚴幾道年譜　台北大西洋圖書公司　民國五十九年一月初版。
王德昭著　從改革到革命　中華書局　一九八七年三月第一次印刷。
包遵彭、李定一、吳相湘編纂　中國近代史論叢第一輯第五冊自強運動　正中書局　民國七十年八月台七版。
同上　第七冊維新與保守　正中書局　民國七十年八月台七版。
李國祁著　張之洞的外交政策　中央研究院近代史研究所專刊(27)　民國七十三年五月再版。
李恩涵、張朋園等著　近代中國—知識份子與自強運動　食貨出版社　民國七十一年五月再版。
史華慈等著　近代中國思想人物論—自由主義　時報出版公司　民國六十九年六月初版。
沈雲龍主編　胡翼南先生全集　近代中國史料叢刊續輯二六一—二六六冊　台北文海出版社

。
林增平、郭漢民、李育民編　辛亥革命　巴蜀書社　一九八九年九月第一刷。
汪榮祖譯　康有爲思想研究　聯經出版事業公司　民國七十七年五月初版。
胡濱著　中國近代改良主義思想　中華書局一九六四年四月第一刷。
胡繩著　從鴉片戰爭到五四運動上、下，上海人民出版社　一九八二年六月第一刷。
周錫瑞著　楊愼之譯　改良與革命—辛亥革命在湖南　台北華世出版社　一九八六年十月初版。
湯志鈞著　戊戌變法史　人民出版社　一九八四年十一月第一刷。
康有爲與戊戌變法　中華書局　一九八四年十月第一刷。
康有爲政論集上、下　中華書局　一九八一年二月第一刷。
湯志鈞著　近代經學與政治　中華書局　一九八九年八月第一刷。
朱壽朋編　張靜盧等校點　光緒朝東華錄一—五　中華書局　一九八四年九月第二次印刷。
張雲樵著　伍廷芳與清未政治改革　聯經出版事業公司　民國七十六年四月初版。
張玉法著　清季的立憲團體　中央研究院近代史研究所專刊(28)　民國七十四年二月再版。
張玉法著　清季的革命團體　中央研究院近代史研究所專刊(32)　民國七十一年八月再版。

張朋園著　立憲派與革命派　中央研究院近代史研究所專刊(32)　民國七十二年二月再版。
張之洞著　張文襄公集　近代中國史料叢刊四六三—四七〇冊　文海出版社印行。
張灝等著　近代中國思想人物論—晚清思想　時報出版公司　民國六十九年六月初版。
張秉鐸著　張之洞評傳　台灣中華書局　民國六十一年七月初版。
夏東元著　晚清洋務運動研究　四川人民出版社　一九八五年三月第一刷。
喻岳衡點校　曾紀澤遺集　岳麓書社　一九八三年七月第一刷。
馮自由著　革命逸史（初集）商務印書館　民國二十八年六月初版。
馮契主編　中國近代哲學史上、下　上海人民出版社　一九八九年九月第一刷。
葛士濬編　皇朝經世文續篇　台北國風出版社　民國五十三年六月初版。
黎樹著　辛亥革命前後的中國政治　人民出版社　一九五四年六月第一刷。
熊月之著　中國近代民主思想史　上海人民出版社　一九八七年三月第二次印刷。
趙豐田著　晚清五十年經濟思想史　台北崇文書店　民國五十六年十月初版。
蕭公權著　中國政治思想史上、下　聯經出版事業公司　民國七十一年三月初版。
嚴復著　嚴幾道詩文鈔　近代中國史料叢刊四一七種　台北文海出版社。
羅香林著　國父之大學時代　台灣商務印書館　民國四十三年十月增訂台一版。

羅香林著　香港與中西文化之交流　香港中國學社　民國五十年二月初版。
羅香林著　國父在香港之歷史遺蹟　香港珠海書院出版委員會　民國六十年十一月出版。
羅香林著　一八四二年以前之香港及其對外交通—香港前代史　香港中國學社出版　民國四八年六月初版。
羅香林著　國父與歐美之友好　台北中央文物供應社　民國四十年十一月出版。
羅香林著　國父的高明光大　台北文星書店　民國五十四年十一月十二日初版。
中國史學會主編　戊戌變法I—IV冊　神州國光社　一九五三年九月第一版。
中國史學會主編　義和團I—IV冊　神州國光社　一九五一年三月初版。
張枬、王忍之主編　辛亥革命前十年間時論選集第一卷上、下，第二卷上、下　生活、讀書、新知、三聯書店　一九六三年一月第一版。
張枬、王忍之主編　辛亥革命前十年間時論選集第三卷　生活、讀書、新知、三聯書店　一九七七年十二月第一版。
張家駱主編　洋務運動六獻彙編一—八冊　世界書局　民五十二年七月初版。

二、中文期刊及報紙論文

丁寶蘭著　論香港近代思想家胡禮垣的哲學觀點　哲學研究　一九八三年三期，頁五五—六二。
方豪著　清末維新政論家何啓與胡禮垣　新時代　民國五十二年十二月　頁二〇—二五。
孔祥吉著　孫中山、康有爲早期關係探微　收錄於中國孫中山研究學會編　孫中山和他的時代　中華書局　一九八九年十月第一刷　下冊頁一八九一—一九一〇。
任繼愈著　何啓、胡禮垣的改良主義思想　收錄於中國近代思想史論文集　上海人民出版社　一九五八年　頁七五—九一。
宋德華著　論戊戌維新時期的反封建啓蒙思想　華南師範大學學報（社會科學版）　一九八四年第三期　頁七八—八六。
李澤厚著　論嚴復　歷史研究　一九七七年二期　頁六七—八〇。
李澤厚著　論十九世紀中國改良派變法維新思想的發展（上）　新建設　一九五六年第四期　頁一六—二一轉頁五〇。
李澤厚著　論十九世紀中國改良派變法維新思想的發展（下）　新建設　一九五六年第五期　頁五八—六三。
吳倫霓霞著　興中會前期（一八九四—一九〇〇）孫中山革命運動與香港關係　收錄於中國孫中山研究學會編　孫中山和他的時代　中華書局　一九八九年十月第一刷　中冊　頁

九〇二—九二八。

姜義華著　論孫中山的自由平等觀　收錄於中國孫中山研究學會編　孫中山和他的時代　中華書局　一九八九年十月第一刷　中冊　頁九四一—九六一。

陳國慶著　孫中山與嚴復思想之比較研究　收錄於前書　下冊　頁一九一一—一九三〇。

趙令揚著　何啓、辛亥革命期間香港之中國資產階級　收錄於中華書局主編紀念辛亥革命七十周年學術討論會論文集　一九八三年六月第一刷　下冊　頁二七一五—二七二三。

鄭雲山著　戊戌變法時期維新派的民權觀　杭州大學學報一九七九年第三期　一九七九年九月　頁四七—五四。

劉學照著　論早期維新派的重民思想　華東師範大學學報（哲學社會科學版）　一九八四年第四期　頁七九—八六。

霍啓昌著　孫中山先生早期在香港思想成長的初探　收錄於中國孫中山研究學會編　孫中山和他的時代　中華書局出版　一九八九年十月北京第一刷　中冊　頁九二九—九四〇。

循環日報六十周年紀念特刊　頁一四　香港一九三二年。

熊月之著　何啓、胡禮垣民權思想簡論　江海季刊（文史）　一九八六年五月　頁八五—九一。

三、日文專著

小野川秀美著　清末政治思想研究　みすず書房　一九八四年九月第三刷。

山根幸夫編　中國史研究入門上、下　山川出版社　一九八七年第一版第三刷。

市古宙三著　近代中國の政治と社會　東京大學出版會　一九七一年十月廿日。

中村義著　辛亥革命史研究　未來社　一九七九年一月十五日。

中島嶺雄編　中國現代史　有斐閣　昭和五六年八月三十日初版一刷。

寺廣映雄著　中國革命の史的展開　汲古書院　一九七九年一月三十一日。

坂野正高著　近代中國外交史研究　岩波書店　昭和四五年七月三日第一刷。

坂野正高、田中正俊、衛藤瀋吉編　近代中國研究入門　東京大學出版會　一九七四年四月初版。

河田悌一著　中國近代思想と現代—知的狀況を考える　研文出版　一九八七年四月三十日。

近藤邦康著　中國近代思想研究　勁草書房　一九八一年十二月一日第一版。

堀川哲男著　中國近代の政治と社會　法律文化社　一九八一年四月三十日第一刷。

溝口雄三著　方法としての中國　東京大學出版會　一九八九年六月初版。

衛藤瀋吉著　近代中國政治史研究　東京大學出版會　一九六八年三月三十一日發行。
織田萬編　清國行政法　汲古書院　一九七二年六月發行。
前田寶次郎著　香港概觀　東京國文社　大正八年十一月二十八日發行。
外務省通商局　香港事情　東京啓成社　大正六年五月十五日發行。
東亞同文會　香港廣東駐在班調查報告書　手抄本七冊　一九〇六年　日本東洋文庫藏。

四、日文期刊論文

小松原伴子著　嚴復と自由論　學習院史學一四　一九七八年一月　頁六〇—七四。
小野川秀美著　何啓、胡禮垣の新改論議　石濱先生古稀紀念東洋學論叢同紀念會　一九五八年十一月　頁一二一—一三三。
手代木有兒著　清末における「自由」—その受容と變容—　日本中國學會報第四十集　頁一六八—一八三。
日高一宇著　近代中國政治思想史研究における方論論的諸問題—楠瀬正明「何啓、胡禮垣の民權論」—　北九州工業高等專門學校研究報告一三號　一九八〇年一月　頁三七—四六。
佐藤愼一著　二つの「革命史」をめぐって(1)—辛亥革命の歷史意識　法學四二—二　一九

七八年九月　頁一—三〇。

佐藤慎一著　二つの「革命史」をめぐって⑵—辛亥革命の歷史意識—　法學四二—二一九七九年五月　頁一—三四。

佐藤慎一著　文明と「萬國公法」—近代中國における國際法受容の一側面—　祖川武夫編「國際政治思想と對外意識」　一九七七年十二月。

佐藤慎一著　清末啓蒙思想の成立㈠—世界像の變容を中心にして　國家學雜誌九二—五・六　一九七九年六月　頁三一七—三七四。

佐藤慎一著　清末啓蒙思想の成立㈡—世界像の變容を中心にして　國家學雜誌九三—一二一九八〇年一月　頁六三—一〇八。

佐藤慎一著　一八九〇年代の「民權」論—張之洞と何啓の「論爭」を中心に—　中國における人間性の研究　一九八三年二月　頁七〇九—七二七。

佐藤慎一著　鄭觀應についぃて⑴—「萬國公法」と「商戰」—　法學四七—四　一九八三年十月　頁五六—一〇七。

佐藤慎一著　鄭觀應について⑵—「萬國公法」と「商戰」—　法學四八—四　一九八四年十月　頁三一—七六。

佐藤愼一著　中國における進化論　東北大學日本文化研究施設　シンポジウム「日本文化と東アジア」（一九八五―一九八六）　頁一三二―一四五。
佐藤愼一著　近代中國と政治學―「專制」概念を中心として―　東北大學日本文化研究施設　シンポジウム「日本文化と東アジア」（一九八五―一九八六）　頁四三七―四四八。
佐藤愼一著　「天演論」以前の進化論―清末知識人の歷史意識をめぐって―　思想　一九九〇年第六號（總號第七九二號）　頁二四一―二五三。
渡邊哲弘著　何啓、胡禮垣の新政論　立命館文學一九七冊　一九六一年十一月　頁五九―七五。
楠瀬正明著　何啓、胡禮垣の民權論　廣島大學文學部紀要三八　一九七八年十二月　頁一七〇―一八六。
楠瀬正明著　嚴復の變法自强論の特質　廣島大學文學部紀要三七　一九七七年十二月　頁一四六―一五九。
遊佐徹著　「西學」と「新學」―中國近代における西洋文化輸入の論理について　日本中國學會報第四十集　頁一八四―一九八。

五、西文專著、報紙、期刊論文：

Benjamin Schwartz, *In Search of Wealth and Power* Yen Fu and the West . The Belknap Press of Harvad University Press Cambridge Massachusetts 1964.

Eastman. Lloyd E, "Political Reformism in China before The Sino-Japanse War." *Journal of Asian Studies* Vol. XXVII, No.4 (August. 1968), pp. 695-710.

Fei-Ling Davis, *Primitive Revolutionaries of China*: A Study of Secret Societies in The Late Nineteenth Century Routledge & Kegan Paul London and H-enley First. published in 1971 by Giulio Einaudi Editore s.p.a. Torino, First Published in Great Britain in 1977 by Roatledge & Kegan Paul. Ltd.

G.H. Choa, 蔡永業 . *The Life and Time of Sir Kai Ho Kai,* Hong Kong: The Chinese University Press, 1981.

Ho Kai, (Sinensis). "To the Editor of *the China Mail* (dated February 12, 1887)." in *The China Mail* Hong Kong February 16 1887.

Ho Kai, (Sinensis). "An Open Letter on the Situation to John Bull (dated August 21 1900, in *The China Mail* August 22 1900.

Harold Z. Schiffrin, *Sun Yat-Sen And the Origins of the Chinese Revolution* University of California Press Berkeley, Los Angeles And London 1970.

Hao Chang, *Chinese Intellectuals in Crisis: Search for Order and Meaning* (1890-1911) University of California Press, Berkeley Los Angeles, London 1987.

Jung-Fang Tsai（蔡榮芳） *Comprader Ideologists in Modern China : Ho Kai (Ho Ch'I 1859-1914) and Hu Li-Yuan (1847-1916).* Unpublished Ph. D. dissertation Ph.D in History University of California at Los Angeles 1975.

Joseph W. Esherick, *The Origins of the Boxer Uprising.* University of California Press Berkeley. Los Angeles. London 1987.

Jean Chesneaux Translated by C.A. Curwen. *Peasant Revolts in China 1840-1949.* Copyright 1973 Thames and Hudson Ltd. London.

John King Fairbank, *The United States and China.* by The Preident and Fellows of Harvard College Harvard University Press, 1970.

James Reeve Pusey, *China and Charles Darwin.* published by Louncilon East Asian Studies Harvard University and distributed by Harvard University Press Cambridge (Massachusetts) and London, 1983.

Kuang-Sheng Liao, *Antiforeignism And Modernization in China 1860-1980*:Linkage between Domestic Polities and Foreign Policy. Hong Kong : The Chinese University Press, 1984.

Ling-Yeong Chiu, 趙令揚 . *The Life and Thought of Sir Kai Ho Kai.* Unpublished Ph.D. dissertation Ph.D. in Philosophy University of Sydney Faculty of Arts Department of Oriental Studies March, 1968.

Marquis Tseng,"The Sleep and The Awakening". in *The Asiatic Quarterly Review* Vol. III(January - April 1887) pp.1-10 （日本東洋文庫特藏）

Paul A. Cohen, *Between Tradition and Modernity* : Wang T'ao and Reform in Late Ch'ing China. Harvard University Press Cambridge Massachusetts, 1-974.

Paul A. Cohen, *Discovering History in China.* Columbia University Press, 1984.

Robert A. Scalapino, and George T. Yu. *Modern China and Its Revolutionary Process Recurrent Challenges to the Traditional Order, 1850-1920.* University of California Press. Berkeley. Los Angeles London, 1985.

Ssu-Yü Teng, John K. Fairbank, *China's Response to the West,* A Documentary Survey, 1839-1923. Harvard University Press Cambridge Massachusetts, 1954.

Victor Purcell, The Boxer Uprising: A Background Study. The Syndigs of The Cambridge University Press, 1963.

Wright, Arnold, ed. Twentieth Century Impressions of Hong Kong. Shanghai and Other Treaty Ports of China London, 1908.

Yen-P'ing Hao, *The Commercial Revolution in Nineteenth-Century China*: the Rise of Sino-Western Mercantile Capitalism. University of California Press, Berkeley and Los Angeles, Calfornia, 1986.

Yen Ching-hwang, 顏清湟 . *The Overseas Chinese and the 1911 Revolution.* Oxford University Press, 1976.

附錄三：

一八九〇年代的「民權」論

——以張之洞和何啓的論爭為中心——

佐藤慎一著　許政雄譯

本稿的主要目的是以一八九〇年代的兩本書，即張之洞的《勸學篇》和何啓的《勸學篇書後》為例，並旁及他書而以「人間觀」（即對人的看法）為前提來加以檢討和研究。這兩本書是在中日甲午戰爭結束後，在傳統體制動搖期中以中國「理想的」社會狀態為共同點而出現的。在關於中國「理想的」社會狀態的看法上，兩者幾乎是處在完全對立的地位。

隨著中國傳統體制的不安定，去探索中國「理想的」社會狀態的書刊，在上述的兩書之前，也有不少這樣的作品。在社會是人與人之間的關係——也就是人的組合——這一點上，這些書不論是明白的或是不言而喻的，都是以探討如何的「人間觀」來當做前提而作的。在很多的場合上，作者並沒有把它當作問題來看待，而只是一種「不言而喻的前提」而已，而且幾乎在所有的場合裡這種「不言而喻的前提」，作者並沒有想把它變成問題來看待——而是那個時代的人相信是共有存在的——是「當然的前提」。因此在中日甲午戰後所急著展開的變革思想的背後，這種「不言而喻的前提」浮到抬面來了，「當然的前提」被再度質問改正的情況也出現了。這種情況常常通過論爭——包括對一方的攻擊——表現出來。論爭的人所提出的「理想的」社會狀態在和對方的意見不相容的時候，論者甚至探索對方的議論前提，而且將對方的前提決不是「當然的」或者「普偏的」這一現象暴露出來。張之洞和何啓的「論爭」就是像上述的這種情形下，最早也是最徹底的作品。圍繞著「理想的」社會狀態來做爲基本論爭點的兩者，一個是肯定認爲民權是對的，一個是否定而認爲是錯的，兩者的對立歸結於針對著民眾有沒有自主的去形成社會秩序的資格和能力的這個論點，即是對「人間觀」來論爭。

(一)早期的「民權」論

在清末的文獻裡，「民權」這個字眼約出現在一八九〇年代，特別是隨著甲午戰後對外危機高漲下，它的出現頻率也相對的增加。當時民權的大致意思是：在下層的士大夫知識層、鄉紳、商人層，從以往對於政治的活動幾乎沒有發言權的情形下，進而提出要求有機會去參與政治的活動。在很多的場合上，他們的這種要求經常和要求召開議會相結合而一起被提出來。不論是對「民權」或者是對「議會」的要求，將這些要求加以正當化的理論是因人而異的，在這裡以當時比較流行的二個人，鄭觀應和汪康年爲例，對他們使議會或民權正當化的理論來加以檢討，這是在考察張之洞對「民權」的批判前必須要做的先行研究。

在著有《盛世危言》的鄭觀應（一八四二～一九二三）的身上，他以下面的歷史「發展階段」論作爲將「民權」正當化的基礎。也就是：鄭觀應把社會分爲從狩獵社會進步到農業、畜牧的社會，再進步到產業社會的三階段，並認爲這是社會發展不可顚倒的方向。而這種社會發展的推動力，依他所說的，就是廣義的學問和技術的新發明。例如，在第一階段的狩獵社會裡，是在肉體上比野獸弱小的人類中，經由工具的使用而能去制服野獸，因而取得優越的地位，這一點是有他劃時代意義的。不久，人口和捕獲的牲口的均衡崩潰了，也就是人類必須面對經由狩獵不能養活所有人的這一事實，聰明的人就想出了用農耕和畜牧的方法，而且人類集團定居的現象也成了可能的事實。這又是代表一個新的劃時代的意義。依鄭觀應的說法在這一階段裡，聖人出現了，他教導人類建立制度和道德，使人類的社會文明化了。

鄭觀應認爲人類社會往新的階段發展的關鍵是，當舊階段的學問和技術不能去解決問題，而使新的問題發生的時候，爲了解決這些問題，就有新的學問和技術的發明，這意味者，學問、技術的新發明是社會發展的推動力。而統治者最大的功能就是將這些新發明和被發明的東西向民衆傳達。基於這種理解，鄭觀應認爲中國三代之治的黃金時代中，中國是世界上最先進的國家。然而在王朝體制下，爲了維持和安定旣有的秩序，對新學問和技術的追求，被認爲是危險的行爲，於是愚民政治也就被大力推行起來了。中國也失去了社會發展的推動力，只能停滯在農業社會的階段。

另一方面，在西洋諸國裡，鄭觀應認爲在發展的初期上他們是比中國來的晚的，可是現在，在各方面各領域裡，他們以科學（「格致」）爲基礎的新發明，一個個出現了，這些新發明廣泛的通過學校制度的途徑向民眾傳達。在這裡能看到的是和靜態的農業社會在構造上不同而充滿活力的社會。這個社會是什麼樣的社會？也就是針對人口過剩的農業社會所不能解決的問題，必須靠新學問和技術的發明才能解決的社會。因此在這社會裡，經由新發明的產物輪船和鐵路使世界連成一體，在這個意義上，即是鄭觀應要求中國現在去面對發展一個完全異質——即使發展階段不同——的社會，這一點是鄭觀應對時代的認識。

在西洋和中國接觸的最重要的一面上，鄭觀應用「商戰」這一字眼來加以表現。他認爲產業社會是所有的人都在追求「利」的這個行爲，這意味著，只有擁有更高度的學問和技術的人才能生存的競爭社會。這個原理不止在個人的身上通用，也適用於國家的身上，而且不問是戰時或平時，平時它和其他國家用通商的方式來不斷的競爭，這是不用武力的戰爭，是「商戰」。一般所說的戰爭——用鄭觀應的話來說是「兵戰」——照他的解釋是商戰的最高階段所表現出來的方式，而在「商戰」上失去的利益卻是遠比在「兵戰」上所失去的來的大。

決定國家與國家間「商戰」成敗的條件是，總合士、農、工、商的力量。所謂總合力的國力，鄭觀應特別强調士和商的功能角色。照鄭觀應的設想，就角色功能分擔來看，士之所以為士，是因為有學問的能力，這個角色的功能是去傳達新的學問和技術。而拿著農、工產品在「商戰」的最前線去作戰的，則是商人的角色功能。

上述的這種角色功能的認識，結果產生了鄭觀應對中國政治體制的批判。何以如此說呢？因為他所看到的中國的士大夫階層裡，不但對於應當有的功能角色沒有盡到責任，而且還獨佔了對不良政治決定的過程。另一方面，商人在「商戰」中所佔的功能角色的重要性，不但沒有被突顯出來，甚至在「士農工商」的排列中顯示出社會對商人的輕視和歪曲的事實，因而中國的商人也被不當的排除在參與政治決策的過程之外。但是中國為了要應付「商戰」在體制上的重建是必要的，這一體制上的重建，不但要從充實學校的制度、學問的研究和傳達系統的改變，另外在士以外的社會階層裡，特別是商人能參與政策的決定是不可或缺的條件。本身是商人又兼是買辦出身的鄭觀應，在經由以上的這種歷史認識和理論裡，對於民眾，尤其是商人階層的政治參與，提出了使他們正當化的理論。

還有一個早期的「民權」論者，就是《時務報》的經營者汪康年（一八六〇～一九一一），和鄭觀應是相對照的，他是擁有進士資格的士大夫階層。他把中國的對外危機和國內的政治危機都用所謂「權」的範疇來加以說明。也就是說，汪康年認爲鴉片戰爭以來的中國歷史是中國所屬的種種主權（「立國之權」）逐步消失的「失權」歷史。所以失權的原因，是列强武力的侵犯以及同時——或許在此之上——中國社會的分散狀況，這個分散狀況眼前出現的問題就是「權」的所在不明白。這裡對這一現象可分三點來說明：第一，是人民的「無權」，人民所以無權，是統治者爲了維持君主制的秩序而生出來的結果，這一結果卻是不可避免的，一般人對於國事及政治產生不關心的事實。第二，是做爲臣子的「權」是曖昧的。這一點是統治者怕對特定的臣子給予「權」的集中，進而威脅到「君權」的存在，所以禁止臣子結黨，把他們經常處於互相監視的狀態，這樣一來，臣子不得不依存在「君權」的裡面。第三，是表面上以爲是絕對「君權」的事，實際上也並不是絕對的君權，這是因爲君主也被祖宗家法及故事成例所束縛，君主自己也不能作自由的決斷。按然汪康年的說法，這種對「權」之所在的不明白及無責任體制下，中國遭受了所謂「失權」的未曾有過的國難，而產生了被治者對政治的不支持和統治者沒有强力政治指導力的狀態。這點更誘發了外國人進一步侵略中國的惡性循環。

對汪康年來說，中國的整個問題並不是出在個別政策的缺陷上，而是制定政策的系統本身的缺陷。這個系統的主要缺陷在於如上所述的對「權」的所在不明白而來。對上述的缺陷，其最少限制及必要的糾正措施是：第一，把「權」交給人民。第二，將「民權」和「君權」的關係加以釐清。第三，將這些加以制度化。照他的構想，先要開設議會，將三品以上的大官和以選舉方式選出的「明秀之人」，各自分爲「上議員」和「下議員」。並在「行事之權」和「議政之權」分離下形成互相制衡的關係。經由這樣的運作，就能具體的改正以上的缺陷。

以上不管是鄭觀應，或是汪康年，在早期的「民權」論者中，大體上有以下共同的特徵，即：

第一，「民權」的主要內容就是參政權，這不是人類普徧的權利，而是僅僅限於特定的社會階層——至少是有識字能力的階層才能享有的權利。第二，這種權利並不是用所謂「天賦」的理由來加以正當化的，而是經由以什麼名目的歷史理由而加以正當化。鄭觀應的主張，則如前所提過的那樣；汪康年的主張，則認爲中國三代的黃金時代中「民權」——假如完全沒有也——是實實在在的，所以爲了再現過去的繁榮，「民權」的回復是必要的，這是汪康年將民權給予正當化的理論。第三，「民權」決不是和既成秩序相抵觸的東西，反而是能圓滑增進君民間的溝通，並進而擴大强化「君權」的支持基礎。這種說法不如說是爲了對既成秩序的安定所加的相關說明。這麼一來，在早期「民權」論者的主張裏，「民權」論是脫離不了中國傳統的民本主義容許範圍之內。

於是可以這麼說，「民權」是爲了安定既有秩序，而在君民之間沒有利害的對立爲前提而產生的。在沒有對立的前提下來看的話，反過來說，爲什麼會不夠「下情上通」？爲什麼非特別强調「民權」不行？在「民權」的觀念裡不僅限於「民權」論者的說明，在其他人身上它和傳統的君民間「上下」的關係是否抵觸了什麼？君民間溝通的改善是必要的，這點認識在早期「民權」論者身上可說是共有的主張。同時，認爲「下情上通」「上下同德」的程度已經足夠了，進而對所謂「民權」這一觀念抱著懷疑態度的也大有人在，張之洞就是其中之一。

㈡張之洞對「民權」的批判

張之洞（一八三七～一九〇九）作《勸學篇》對「民權」論加以批判，是在一八九八年的時候。當時他任湖廣總督，他是以湖北省爲中心來大規模的推動洋務事業的開明派大官。他決不是傳統保守派的官僚，在《勸學篇》裏他把改革和改革應限定範圍的必要性同時的提出來。

張之洞批判「民權」論的要點是，他認爲「民權」論在不言而喻的前提下的人間關係是和中國的傳統倫理不能兩立的；因此，「民權」論有可能使中國傳統的政治和社會秩序徹底被解體的危險。張之洞所主張的傳統倫理，其核心就是三綱，依照他的主張，「民權」論很明顯的是和「君臣之綱」相抵觸的。和三綱相抵觸的事不僅限於「民權」論，在「男女平等」「父子同罪」的觀念上也同樣是在倫理、心理上超過了可以被容許的限度。也就是說，在所有的君臣、父子、夫婦的關係裡，做爲劣者的後者，對於做爲優者的前者的全面依存是這三綱的前提，在以三綱爲材料的限制下，以兩者爲對等關係的議論是要全面被否定的。以上是張之洞的看法。

認爲「民權」論和三綱難以兩立的張之洞的主張，做爲事實認識來看恐怕是正確的，但是從這種事實認識來看，不僅是排斥否定「民權」論，同樣的也會引發出排斥三綱的結果。如果張之洞是一個對所有的改革都加以排斥的傳統保守主義者的話，對他而言，很容易能首尾一貫的做下去。但是，他是廣義的改革派之一，「民權」論者所提出的主張，如改善君民之間的關係，民衆對「君權」支持的强化，進一步使中國「富强」等課題，也是張氏的重要論點，這樣看來，爲了對「民權」論者的主張全面的反駁，何以他不選用「民權」而選用三綱呢？他的理由大致有下列幾點：

第一，依張之洞的看法，三綱是「禮政的根本」，如果沒有這個三綱的話，人和禽獸的區別就無從判斷，因此爲了使人類社會名符其實，就必須在三綱上立腳。爲了證明這個說法，他認爲即使在西洋社會裡（即沒有完全禮制的社會）三綱也是存在的。照他的說法，中國和西洋的不同，是並不是有無三綱的問題，而是三綱的理想狀態的不同問題——程度的完全不同——而已，而「民權」論只不過受到西洋社會這一不完全的部分（即沒有完全禮制）的影響所產生的主張罷了。

第二，張之洞把「民權」論的內容儘可能的限定下來作解釋。依照他的解釋，「民權」論的眞正目的是要開設議會，使衆情上通，並加以圓滑化，並不是爲了人民本身的「攬權」，所謂「民權」在名稱上是多少不適當的。爲了使「衆情」上通的圓滑化目的是好的，但是拿議會制度來做爲達成這個目的的方法，在人民生活文化程度很低的中國來說，只會帶來社會的混亂和議會機能的不全，這是不適當的。倒不如在中國社會原有的制度上著手來改革，如此將會更有效果。

第三，張之洞把「民權」和「民主」分開，他認爲，如上面眞的「民權」論是可以被容許的，但是一般「民主」論以否定君主制的主張出發的，是決不能容許的。像法國那樣的「民主」國，他是承認的，但是他認爲那是在君主暴政的異常狀態下的產物，對於德治主義的中國而言，在本質上是扯不上邊的。

第四，在民有「權」之後會有什麼樣的結果？照張之洞的預想是，人人專在爲己爲私的動機上，人民的行動經由「民權」的名義來加以正當化，而去滿足個人的私欲和追求個人的利益，整個社會秩序就會陷入混亂而沒有法律的狀態。對這種「民權」最歡迎的人，就是在此種狀態下能得到最大利益的「愚民、亂民」等人，這些人在大張旗鼓進行其反道德行爲的結果，是整個社會規範的解體和紛爭混亂的大量發生。依照張之洞的說法，連在作爲化外之民的小偷世界裡也有上下規範的關係，否則社會不能安定的存在。而成員擁有「自主之權」，是將上下秩序給予否定。那麼在這規範消滅後所剩下的，只有所謂强弱的暴力關係了。社會的紛爭僅僅經由暴力的關係來解決的話，則在此世界活著的人類只有互相殺戮，而最後的結果則是人類走向滅亡的道路。

這樣說來，「民權」論，依照張之洞的解釋，僅僅是用所謂「衆情」上達的圓滑化來作爲他狹義的解釋，而所謂議會制度的方法對人民文化水準很低的中國來說是不適當的。另一方面他用廣義的包含「自主之權」來解釋民權，這是和他的三綱相抵觸的，在目的水準上也是不適當的。所以，再怎麼說「民權」論除了排除之外無他路可循。

㈢何啓對張之洞的批判

一旦「民權」論和傳統倫理的敵對關係成爲主題後，要避開這個問題是不可能的。對張之洞的主張來說，他認爲「民權」論是反倫理的主張，如果「民權」論者不提出反擊的話他們將會遭受致命的打擊。「民權」論，張之洞認爲它和傳統倫理不能兩立，這一點「民權」論者也沒有異議，所以他們對張之洞的反擊方法一般來說有兩種：

一是對傳統倫理的激烈的否定，主張傳統倫理在本質上是反倫理的。這種主張的典型例子我們可以從譚嗣同的思想中看出來。譚嗣同認爲傳統倫理違反平等精神，壓制人類的道德，他持這個理由來排斥三綱，反過來，他僅僅取五倫中的「朋友之倫」，認爲他是和人類的「自主之權」保持相共立的規範，而承認它存在的合理性。對譚嗣同而言，只有以人人「自主之權」爲前提的平等，人與人的關係，才是自然的，並且是人類關係的規範，和這一前提相抵觸的一切傳統倫理，在本質上都是反倫理的。

另一種方法是，對傳統倫理的自由再解釋，使得被正確解釋的傳統倫理和「民權」論兩者可以共存。這種主張的典型例子是何啓。他在批判《勸學篇》中不僅認爲被正確解釋的傳統倫理可以和「民權」論共同存在，而且還可以補充加强「民權」論的主張。

何啓（一八五九～一九一四）是香港出生的中國人，十幾歲就到英國留學，學習了醫學和法律，一八八二年他回到香港後，從事律師之職，作的很成功。不久即成爲香港華人社會的領袖，並歷經香港議政廳的公職，晚年被封爲爵士。由於他的努力，一八八七年創立了香港西醫書院，孫中山是該校的第一屆畢業生，後來他也幫助了孫中山的革命活動，這都是大家知道的事。從八〇年代後半到九〇年代，他認眞的和胡禮垣共同發表了許多論文，主張中國政治改革的必要性，這時他經常突顯出論爭的態度，例如他作《曾論書後》、《康說書後》及本稿所研究的《勸學篇書後》。這些文章的共通特色是，藉批判先前（廣義的）改革論的不透徹及錯誤的主張，來顯出他自己的主張。

在早期提倡「民權」論的人，特別在要求商人能參與政治行動的鄭觀應身上，他認爲自己是商人的一份子，他是從西洋對商人角色功能的重視和中國對商人地位的輕視這種落差的實際感覺上出發的。但是，將何啓在傳統社會階層中作任何的分類都是不可能，也是無意義的。何啓的主張是在所謂類似西洋社會的香港裡，在傳統中國社會中所沒有的職業——律師上產生出來的，他和傳統中國秩序是無關的，他這種自由的程度，遠比當時的西洋通嚴復要來的更自由。這大概是何啓本身既不是士也不是商，只是做爲中國人的這一身份上，將自己和母國間的關係，來認知的人吧！

何啓對張之洞的批判，最先的一步是將三綱和五倫嚴格加以區別。依照他的主張，三綱最早是由漢代學者所提倡，所以在內容上和孔子之敎已經脫離了，只有五倫才是眞正的孔子之教。把三綱認爲是從漢代才開始的，此種體認可說是正確的，但問題是把一方當作是眞的，卻將另一方當做是假的。因爲將傳統倫理和「民權」論不能兩立作爲前提的人，不論是「民權」論者，或是「反民權」論者，將三綱和五倫作爲密不可分的關係來理解是很普通的事。

何啓把三綱和五倫嚴格加以區別的根據是，三綱只是片面的强調一方面的權利和義務關係，而五倫則是雙方（對等）面的强調彼此的權利和義務關係。以君臣之間的關係爲例的話，依何啓的解釋，三綱提倡的是臣對君的絕對從屬關係；相對的，五倫則是主張君有德則臣事以忠的互相義務關係。

在這個場合上，以兩者的區別作爲大前提，包括君臣關係，以及人與人之間的關係不能達到絕對的平等這件事是何啓所承認的，依他的看法，君臣或父子間因重要性不同，功能自也不同。而重要性的不同是「尊卑先後」的區別意識所生出來的，這是由於人類的理性和自然的感情「情理」而來的事，是理所當然的。但是，這個區別被絕對化以後，例如爲君或爲父者即使沒有盡到自己的責任，也單方面的要求爲臣或爲子的人去服從他。這使原本是自發的尊敬行爲轉化成强制的隸屬行爲。三綱所要求的就是這種强制的隸屬行爲，因此他的錯誤也在這裡。在不顧服從者的自發性這點時，要讓人服從非得靠不合理的神話或是靠强制性的暴力不可了。於是以三綱爲前提的範圍內，跟隨而來的是愚民政策以及武力的支配情況就不可避免了。何啓和張之洞一樣，都承認「中國之所以爲中國」是因有三綱這樣的命題，但是他們在文章的脈絡中卻有一百八十度的不同；何啓承認的是中國是專制社會這個事實。

在排斥三綱的反面上，何啓認爲只有五倫才是和情理相合的，才是眞正的孔子之教。他嘗試將孔子之教再一次的解釋，以眞正的孔子之教爲問題的要點，這點何啓的看法和康有爲頗有共通之處，即他們都認爲秦漢以來眞正的孔子之教已迷失或被歪曲了；並且從這些事中可以去發現找出中國所有種種問題的根源。但是康有爲用「宗教」的概念來對孔子加以解釋，即是他强調孔子的預見能力，把眞的孔子之教作爲孔子教來加以絕對化——這和何啓相比的話，何啓對孔子的解釋則是非常「自由的」。依照何啓的說法，他認爲孔子的學說是依情理來實現人與人間應該做的事。孔子的偉大並不是在那些超人的預見能力上，而是在平凡中去追求和探討的生活行爲。

這個時候，很明顯的何啓是優先從「情理」上解釋孔子的。孔子之教所以正確，是因爲它合乎「情理」，且在情理之中。把孔子的言行無條件的當作絕對正確的事，只是把自己奴隸化而已，這意味著孔子之教的正確在何處？以及其理由何在？這點是要靠自己去判斷的，這說明何啓的主張核心就是，人類要常常靠「自主」的這點來行事。對何啓來說，以他所認定的「自主」精神來解釋孔子之教，此種解釋的態度本身的重要性遠比孔子之教之正不正確，來得更有重要的意義。實際上，何啓主張孔子之教是正確的這件事，是爲了要作爲擁護「民權」論的一種戰略的考慮。另一方面强調「自主」的態度，對他來說是正確而可信的。因爲從下文的內容看「自主之權」即可知道是何啓所主張的自然權的一部分。

何啓的「民權」論至少有以下兩點特色：第一，他的「民權」論明顯的是受到洛克影響的自然權理論。依他的主張來看，他認爲人類有生命權（顧性命之權）和財產權（保其自家之權），而把這兩種權當作是自然權（「天托之權」，）來主張。所謂「天托之權」反過來說是一種非實定的權利，也就是表示人民對政府的先行權利。何啓的說明是，理論上政府是在人民的委托信任下產生的，天子決不是人民的保護者（監護人），而是代替人民行使「權」的人。於是罷黜不好的天子，當然是包含在人民的「權」之中。這使人聯想到孟子對革命的認同這一觀念，而何啓自身也肯定這一儒教民本主義的重要一面。但是在他身上，重要的事是，這個革命的「權」不屬於特定社會階層的集團權利上，而是歸屬於人人的個人權利上。這是他的「民權」論的第二個特色。

照何啓的說法，人類生來即擁有可思考的頭腦，所以能隨著自己的判斷來決定自己的行爲，而擁有「自主權」。張之洞以爲三綱的有無是判別人與禽獸區別的標準，而何啓則是以

「自主之權」的有無爲人與禽獸區別的標準。何啓認爲，既然是人而被否定這種「權」，不是奴隸就是犯人，不能擁有「自主之權」的中國民衆好像被判了無期徒刑的犯人一樣。對何啓來說，盲目從事——即使正確的教導的話——孔子之教，不外乎對「自主之權」的放棄。

各人能依照他們的判斷來決定各人行動的事，是不得不包括各人在追求私利這一點的。僅僅從「各人的判斷」來排除利害判斷的事是不可能的。對於私利的追求，照張之洞的說法會帶來社會秩序的混亂和國家的解體，是反倫理——至少是非倫理——的行動。而鄭觀應所抗議的，是把商人的地位不當的貶低的事，簡直把商人看成專事追求私利的人。鄭觀應强調，商人追求私利的結果爲國家帶來了富强，他從對國家利益的貢獻觀點將追求私利給予正當化。而何啓則是從自然權的觀點上來給予「自主之權」正當化。

問題是，在這樣的原理上被承認的「私」是如何被導入社會秩序中的。這問題沒解答以前何啓對張之洞的批判是結束不了的。對張之洞來說，「私」是他否定的對象，社會秩序是和私沒有關係下成立的，於是在社會秩序的成立上「無私」的人——即是君主，他的存在是不可或缺的。反過來，私的行爲流入社會秩序的話，就會帶來社會秩序的混亂和破壞。議會制度的導入一定會帶來對君權的限制及私利的橫行。張之洞從防衛社會秩序的觀點來反對議會制度的導入。

在承認自主之權是自然權的前提下，何啓和張之洞一樣，他也認爲社會秩序的存在是可能的，也是必要的。對何啓來說，社會秩序是以對個人的尊重爲前提，且所有人的「自主之權」是不論他在這社會的地位處於何種階級都是被相同看待的，所以一切的個人權利也是相平等的。社會秩序所以形成，是指在無數等價的個人權利中去發掘其間的原理，並將社會順序加以定位而言。在何啓的想法裡，社會優先順位識別的根據是以個人的利益是否同時對「衆人」有利，至少是與「衆人」之利是否相違背？這樣的認定爲基礎的。判定優先順序的方法，以在議會中討論，而得到大多數人贊成的這一事實爲最適當。換言之，對何啓來說，議會不單單是使「衆情」上達的機關，且是將特定的私利得到社會承認，並轉化爲公利的機關，是所謂「自主」和「衆主」相結合的標誌。

作爲最現實的選擇，何啓認爲君主立憲制對中國而言，至少比民主制來的好。這樣的結論或許是他從英國的留學體驗上得來的。他認爲「民權」是和君主世襲制可以兩立的，但是「民主」則是不能和君主世襲制兩立的，這點恰好和張之洞相同，是要把「民權」和「民主」加以區別的。依照何啓的看法認爲民主制是在君主對「民權」不當壓制的歷史條件下產生的，這決不是國家自體必然的現象。於是他認爲最重要的問題不在是否「民主」這一點，而是「民權」有否被尊重這一點上。依照何啓的觀察，當時除了希臘和土耳其以外的西歐各國，不問政體如何，都是「民權之國」，日本也是其中之一。

對何啓來說，最要緊的課題是，把中國變成「民權之國」這件事，說的更簡單一點，就是導入議會制度這件事。這點何啓和汪康年是共通的。但是彼此的推論並不相同，因此兩者所構想的議會制度的規模也不相同。汪康年主張將參政權的對象限定在「明秀之人」的範圍內，也就是指識字的人，具體的說恐怕是指鄉紳這一階層的人而言。而何啓是在「人能衣食自給者」的原則下把參政權給予一般人。對他而言，私利對一切人來說，它的價值都是一樣的，在生計上給他最少的限制，於是能擁有獨立判斷能力的人，他的意見都應該在議會裡被反映出來。

張之洞認為如果人人都有「自主之權」的話，社會秩序就會解體，而且紛爭會陸續的發生，而這些紛爭只能用力量來解決，他以這樣的理由來主張維持三綱的正當化。而照何啓的看法，張之洞所以有這種錯誤的推論，是因為他認為只有階層的秩序才是秩序。這是這種觀念自身的顛倒錯亂。因為照何啓的看法，三綱本身就是力量的支配，即是張之洞所看見的三綱，是君、父、夫的對臣、子、妻的絕對支配；這種絕對的支配，容許以制裁的力量加在被支配者的身上，假使這也被當作秩序來看的話，則除了壓迫的秩序之外無它。而壓迫者必定和被壓迫者之間產生不滿，在三綱不變的原則下，被壓迫者除了變成壓迫者之外，他的不滿是不能被解消的。兒子自身變成老子時就變成壓迫者，妻子自身變成婆婆時，就變成壓迫者，這樣一來，如以三綱作爲前提，壓迫的秩序是永久存在的。就君臣關係來說，因爲沒有經由世代交替的變化，所以被壓迫者想變成壓迫者除了篡奪王位外，別無他路可循。這種實例在中國歷史上是很多的。這種絕對的君臣關係，因爲「絕對」，反而造成國家的不安定。

在絕對的關係上不安定的君主地位，倒不如經由限制而變成安定，這是何啓的主張。他認爲人民擁有「自主之權」，而君主不能奪取這種「自主之權」，此種對君權的限制，是不可缺的。這和早期的「民權」論者把「君權」和「民權」的關係看成是互相調和的主張是不同的。在民權的制約下，何啓把君權很明白的提出來。爲了有助於君主地位的安定，應限制君權而着手建立君民間的彼此義務的關係。此等義務關係的本身——也是孔子所認同的——即是在「情理」中的現象，人民因認同這種君民關係，服從國君領導，自動自發的工作，也變成可能的事。

(四)進化論的衝擊

對張之洞的主張，何啓幾乎都加以反對，但是他們有一共有的不言而喻的前提，那就是對所謂「弱肉強食」的關係不希望他發生的這一判斷是相同的。張之洞認爲如果人類都有平等的權利的話，三綱就會被否定，社會制度的混亂和解體就會發生；而他所預想的秩序解體的最後階段就是因「弱肉强食」横行使人類滅亡。反過來，何啓認爲人類擁有平等的權利是自然的事，只有經由武力來强制維持三綱的不自然狀態，才會在這個不自然狀態中包含「弱肉强食」的要素。在這個意義上，希求一切的秩序是自然這一點，是兩者完全對立的地方，但是他們都不希望見到强者以武力支配的方式產生的不自然現象，這點是他們共通的地方。

一八九〇年代末期被嚴復介紹，又經過梁啓超普及化的進化論——在當時不是生物進化論，而是社會進化論——這一社會進化論則是把這兩者共通的前提給推翻了，因爲依照被單純化的進化論來看，劣者被淘汰而只留下優者生存的這一現象是進化，在這情況下只有生存競爭才是進化的原動力，進化論因爲本身是結果論，也就是競爭的勝利者是强者，是優者，在這裏將强者支配在「優勝劣敗」的名義下給予正當化了。連「弱肉强食」，與其叫反倫理，不如說他是有積極的倫理意義的。因爲生存競爭的敗者是弱者，沒有生存資格的是劣者，而對劣者的淘汰是對進化有貢獻的。

這個進化論在某一方面和早期「民權」論的主張是相承接的。鄭觀應强調的「商戰」的觀念——在國家與國家平時存在著最激烈的競爭關係——進化論把這一觀念當作法則而給予一般化。在國家間的生存競爭中爲了使中國生存，所以不得不使中國「富强」，在這種論調上進化論者是和早期的「民權」論者相同的，而且比他們（早期的民權論者）來的更積極和急燥。

另一方面，兩者間明顯的有不連接續的存在。早期的「民權」論者想恢復昔日光輝傳統的理論，是被進化論者所否定的。對於進化論者而言，進化和進步幾乎是相同意義的，這和「尙古的觀念」是絕不相容的。

進化論者最大的目的是在國家間的生存競爭裡生存下來，且能使中國「富强」。爲了達成這一目的種種的方法被展開來。爲了實現「富强」所以君民間的關係不得不緊密起來，爲了這一目的所以强調開設議會的必要性，在結論上這是和「民權」論者相同的。或者，以共和制是最進化的政體，以此爲由而主張共和制的這種主張，如果只有看結論的話，這是比何啓的主張來的更激烈的。但是不管結論是如何的相近，何啓和進化論者在結論產生之前的前提上是有很大不同的。

至少以進化論爲前提來看的話，他們對「天托之權」的觀念是不得不否定的。進化論者也和何啓一樣使用「自主之權」的語句，但是他們在所謂生存競爭的「天演」的過程中，藉和他人鬥爭而獲得的「强者之權」，決不是平等的「天托之權」。

對何啓來說，人人「自主之權」的確立是他最關心的所在，且要藉開設議會來達成這個目的。他何以會有此想法呢？在沒有議會的情況下要使「自主之權」作爲基礎的政治秩序是不可能成立的。而對進化論者來說，中國「自主之權」的確立才是他們最大的關心點，議會的開設只是一種可能的改革手段，因爲如果以時機尚早或其他的理由認爲議會制度對中國的「富强」沒有貢獻的話，他們只好去選擇其他的手段。在這裡，何啓和進化論者的結論所以相近似，僅僅是一種偶然。此後思想史的展開，最重要的是，不講前提是否不同，祇重視結論是否一致。

進入一九〇〇年以後進化論取得了壓倒性的影響力。當然，「民權」論也再一次的被提出來（特別是革命派）。但作爲何啓「民權」論基礎的「天托之權」觀念卻被進化論一掃而光了。一九〇〇年代的「民權」論勿寧說是在進化論的範圍內所展開的理論，於是章太炎的「俱分進化論」，「新世紀」集團的「相互扶助論」等爲了解脫進化論束縛而被提出來的，已經不是「天托之權」的觀念了。植根於「天托之權」觀念的「民權」論，它在中國的傳播也同時遭受了致命的打擊。

【附註】

本稿是筆者在一九八一年六月於加利佛尼亞大學柏克萊分校的「現代中國研究所」的中國研究討論會中發表的 Changing Chinese Views of the Social in the Late 1890s

論文中的要旨節錄，限於篇幅避開由原典逐字的引文，而依筆者的語句把各出現人物的發言加以摘要，這些發言的出處如下：

鄭觀應：《增訂新編盛世危言》中的各篇論文，特別是《議院上・下》《敎養》《商戰上・下》《學校》《公舉》等編。

汪康年：《時務報》所載的各篇論文，特別是《中國自强策》、《論中國參用民權之利益》《論今日中國當以知懼知恥爲本》《覆友人論變法書》等篇。

張之洞：《勸學篇》所收的各篇論文，特別是《序》《明綱》《正權》等篇。

何啓：《勸學篇書後》（何啓、胡禮垣《新政眞詮》所收），特別是《明綱篇辯》《正權篇辯》。

主要參考文獻：

鄭觀應方面：

Chang-chuan Wu, Cheng Kuan-ying: A Case Study of Merchant Participation in the Chinese Self-Strengthening.

張之洞方面：

Daninl Bays, China Enters the Twentieth Century: Chang Chih-tung and the Issues of a New Age 1895-1909, University of Michigan Press 1978.

何啓方面：

Jung-fang Tsai, Comprador Ideologists in Modern China: Ho Kai (1859-1914) and Hu Li-Yuan (1847-1916) unpublished Ph.D thesis University of California at Los Angeles 1975.

Jung-fang Tsai, The Predicament of the Comprador Ideologists: He Qi and Hu Li-yuan, Modern China, vol. VIII. no.2, April 1981.

作者簡介：

佐藤愼一：一九四五年日本千葉縣出生，東京大學法學部畢業。歷任東京大學法學部助教，東北大學法學部副教授，現職東京大學文學部中國哲學科副教授。著有《鄭觀應：「萬國公法」和「商戰」㈠㈡㈢》、《模倣和反發——在近代中國思想史的「西洋模式」》等論文。

Will the learned Marquis kindly consider the following passages from the Chinese Classics:-

王如施仁政於民，省刑罰薄稅斂……可使制挺，以撻秦楚之堅甲利兵矣，上下交征利而國危矣，苟爲後義而先利，不奪不饜，保民而王莫之能禦也，足食足兵民信之矣…… 自古皆有死民無信不立，羿善射，奡盪舟俱不得其死然禹稷躬稼而有天下。

ward off the dangerous stroke -- thanks to the fatal climate of Tonquin and Formosa, to the brave soldiers of the Black Flag, and the half-heartedness of the French nation. It is of no use to hide our defects and defer the remedy. They are like our bodily ailments; the more one conceals, the longer will the appropriate and wholesome treatments be withheld and the more disastrous will this prove to our constitution. The searching touch of the surgeon's probe must sometimes be painful to the patient and trying to the medical man himself, but it is necessary. To know the disease is half the cure. Be this my justification and excuse. Marquis Tseng did a good service to his country by the publication of his able and masterly-written article in question. The only drawback is that he mistook the effort for the cause, while the cause itself was entire lost sight of because it was not looked for. Any man may wear a sword and put on a coat of armour, but that does not prove he is a knight, although he may have all the paraphernalia of one. The Marquis should have directed the wanderers to the fountain-head instead of to its various ramifications.

have written of China, and what I consider to be the evils she is labouring under. Every word has been uttered with sincerity and without the slightest malice or ill-feeling. If I have erred, I shall be thankful to those who will take the trouble to set me right. If I have, on the other hand, spoken truly, then let truth have her due weight, and may reformation follow as the consequence. I am not without my nation pride, and I revere the land of my fathers; but I cannot conscientiously go the length of stating that the French restored our invaded territory, with they had got everything they desired at Tonquin and the Province itself, which had for many generations been a vassal state of China. Nor can I say that China made peace in the hour of victory when she had actually lost her ancient tributary State and suffered such crushing defeat at Foochow and Keelung. I must honestly state that although I am apt to be proud with a just pride, I must confess that, had the French not been so half-hearted, and cared to send a few more ships and several extra regiments of picked soldiers, I should have been anxiously concerned for the whole of the Chinese Empire. As it was, I was grateful that everything conspired to capital with the Government they will never see it again, much less the interest. This is a pity, for I believe there are many wealthy Chinese who could afford to leave with the Government handsome sums on loan at moderate interest. Should the Government have much difficulty in securring sufficient funds to carry out all the contemplated improvements, they might be forced to leave much to be done by private enterprise. This after all is the best way, as has long ago been found out in other countries. But private enterprise will not be undertaken without much encouragement from and confidence in the Government. The least suspicion of injustice, the remotest fear of underhand dealings and undue interference on the part of the Government, such as the levying of blackmail, the imposition of heavy taxes and the assumption of certain injurious prerogatives, would prove fatal to such undertakings. Will the Chinese Government give us some assurance beforehand?

In conclusion, I must apologize to the noble Marquis, for whom I entertain the profoundest respect and esteem, and to all my Chinese friends and compatriots, for the very plain way I the revenue derivable from the Imperial Customs becomes fully pledged foreigners will not so readily lend except on the condition that they should have some voice in the control or management of the enterprise for which the money is to be loaned. China will scarcely relish such a condition. She will then be forced to raised a loan among her own people. This is the better way. Nearly every European nation has a national debt in which her people freely invest in spite of the low rate of interest. Why should China not have a national debt also in which her own people can also invest? No reason at all except that before borrowing from her subjects she has first to establish her credit with them, and win their confidence and trust. But does China possess the confidence of her people regarding money matters? I am afraid not. Witness the recent failure in the attempt to raise a small loan by the Canton authorities. One can hardly wonder at this, seeing the great reputation Chinese mandarins have acquired of knowing too well the value of money, and therefore hard to be made to part with any when once place in their possession. Some Chinese go so far as to fear that if once they deposit their hard-earned relations with other countries upon an equal footing and desires foreign powers to respect her sovereignty and rights, she must do a great deal more than simply get strong.

To China's decision to exercise a more effective supervision on the acts of her vassal princes and of accepting a larger responsibility for them than hitherto, I will say little, except to warn her that it is not the wisest plan by any means to accept any increased responsibility before you are ready for it. It will only bring you into more trouble and vexation of spirit. Is it not better for China to learn and adopt the best means for governing her own immediate possessions first, and then extend her influence gradually and by small degrees to her bordings and tributary states?

One important topic I have not yet touched upon. I reserve it for the last though it is by no means the least. Where is China to find all the funds to pay her increased armament, to work her mines, to run her railways and to establish and maintain her factories? Her credit is good at present in the foreign market, yet that has a limit, and that limit will soon be reached. When

Take a single example. What makes the several Foreign Powers insist upon the violation of the Sovereign right of China to bring every foreign resident within her territory, except the various Ambassadors and their suites, under their law, and to try such offenders in their own courts and mete out punishment in their own way? The Marquis Tseng would say that is because China has not a formidable army and navy; but I would rather suggest that it was owing to the distrust with which Europeans universally regard the Chinese system of law and especially its administration. They hate the very idea of extorting evidence from prisoners and witnesses by infliction of corporal pain; they detest bribery and unfair dealings; they abhor the filthy prisons in which they condemned or even remanded are kept; they shudder at the sound of ling-chi and almost faint at the various tortures usually resorted to in a Chinese Court. Does any one think that any Foreign especially European Government will be insane and submissive enough to place their subjects at the mercy of China's Mandarins where such things exist? Never, were China twenty times as strong as she is or stronger. If China wishes to have diplomatic her people be welcomed and esteemed everywhere. It will be a golden time indeed when China's offspring can stand upon the same equality and enjoy the same freedom and privileges as the inhabitants of the most favoured nations. Let this be the end and aim of all true patriotic sons of China, and I doubt not that the time will speedily come.

While I am thus exhorting let me give a few words of advice. Let those Chinese who have a mind to raise themselves and their nation along with them first find out the true cause of their country's degradation and then apply the proper remedy. Do not rely too much upon the reorganisation of your army, nor the increase of your navy, nor upon your new forts and guns, the want of which have without doubt reduced the strength and position of China, but to a limited extent only. The real weakness of China, however, lies in her loose morality and evil habits, both social and political. With the social I have here nothing to do, since my object now is to deal with political. Righteousness becomes a nation, but it does more. It is her backbone and fountain of strength. How does this apply in the presence case? Let us see.

proficiency. Therefore exult not over 300,000,000 of souls 受有臣億萬惟億萬心，予有臣三千惟一心。 I cannot leave the topic without recalling to mind the achievements of the Ever Victorious Army when under the distinguished leadership of that renowned chief, the late lamented General C.G. Gordon.

As to China's relations with foreign powers, it must be admitted that she has much cause for complaint in that direction. She is bound down by treaties to do much that is incompatible with her rights and dignity as an independent sovereign state. She is often sharply pulled up and rebulked for the least semblance of a breach of an article in such treaties, while some foreign nations are not very careful in observing their parts of the agreements and extremely tardy in rendering justice to her claims. China's sons, too, have not always received that amount of respect and consideration which they deserve, and in some places they have been brutally treated as if they were more devils than men. I deeply sympathise with China in every wrong which she has suffered, and I long with every true-hearted Chinaman for the time to come when China shall take her place among the foremost nations and regularly and at frequent intervals by experienced officers as a matter of fact and not of form; let their arms be of the best and more modern kind, not cheap and rusty old things; let the cartridges for their guns and rifles be of the right sort and size, not ill-fitting; let their officers and generals personally lead them into action, not staying behind miles away on some convenient spot out of harm's way; let their distinguished services and bravery be justly recognised and suitably rewarded without partiality and favoritism; and let no outsiders creep in to divide the glory with them by payment; -- then there will be great hope that the soldiers of China will turn out as brave and successful as those of the best European powers. These are the only means by which reform can be brought about, while no amount of talking, severity or compulsion will accomplish the desired end. Does China wish to have an army worthy of the name? Let her then first reform her internal administration in this department. One point I wish to impress especially upon those who have the guardiance of affairs is, that the efficiency of an army does not so much depend upon the number of soldiers composing it as in their collective and individual promising young men to devote their time to necessary course of study and training, and when qualified to risk their lives and all in the loyal defence of their dear country upon the raging billows. Get an efficient navy by all means, but before all get reform. Take timely warning by the naval encounter at Foochow, where so many of China's ships of war, though outnumbering the French fleet and carrying heavy ordinance, were sunk within the space of barely half an hour. Such a record should make a nation weep and repent in sackcloth and ashes. Just another little question. Under the present regime how much does it cost the Chinese government to get, through her mandarins, an ironclad valued at say $750.000? This is a nice algebraical problem. Perhaps it can be worked out by x, y & z.

It is now time to direct our attention to China's Army. Here some of my remarks on her navy will equally apply. The Chinese make fine soldiers if properly disciplined and armed, and placed under brave leaders. Let their salaries be paid regularly and adequately according to law, and not cut down and kept in arrears for months together; let their drills be conducted

Where will China find all the hands for her Navy without going abroad for them? I am aware that the present order of things is to hire foreign instructors and establish naval schools. Indeed, the Naval College at Foochow was established many years ago, and has from time to time turned out a large number of students, and I will add some promising ones too. But were all the students treated properly, and all promises made them kept? Were their salaries liberal, and were they punctually paid; and did their salaries suffer much diminution or become beautifully less ere they reached the several recipients' pockets? When the students were qualified, did they get all they deserved, or what had been promised to them? Were they not put under the same official despotism as the other ordinary officers? Have they not been placed absolutely at the command of and obliged to take directions from ignorant officers who have never been to sea and whose only merit consists in being high mandarins or the relations of such? Have there not been cases of desertion on account of bad treatment received, and have there been no frequent and loud complaints? Here more than anywhere internal reforms are required to induce

and to which only but few, for reasons best known to themselves, have hasitatingly yielded. What will be the consequence of this illiberal policy no one can tell; but one thing is certain: China by so doing has deprived herself of many good and faithful servants who otherwise would have served her with loyalty and distinction
尊賢能使俊傑在位，則天下之士皆悅，而願立於朝矣。

There is scarcely a civilized country in the world which needs more than China a really efficient navy and strong fortifications along her coast. But there is something which she is in greater need of, i.e., competent hands to man her forts and attend to and fight her ships. Big guns and forts are all very well in their way, but they are utterly useless against a foe unless they are worked and guarded with intelligence precision and judgement. Fast sailing cruisers, powerful ironclads and swift torpedo-boats are excellent weapons of defence as well as offence, but they are only tools and demand much skill, bravery, knowledge, and experience in their handling. In the hands of the uninitiated and ignorant, they are clumsy and expensive toys —— fit only to be sunk or captured by an enemy after a brief resistance.

though you might have been thousands of miles away from the scene of the battle; or being there, had never fought at all. But then it is not every one's taste or good fortune to be present at a battle, and the rewards to the conrageous are not always certain. While I am speaking of China's officials, let me heartily sympathise with every honest man amongst them. His lot is doubtless a hard one. His usual literary training afford him but little help in the discharge of his multifarious and onerous duties, and his salary is starvingly low, so much so as to open many doors to temptation. Moreover, he is continually kept under the iron heel of his official superiors who perchance may delight in nothing save the almighty dollar.

Before I leave this subject I cannot help expressing my pain at witnessing so many of China's choicest sons, who have had exceptional advantages in training and education both at home and abroad, cast away in favour of those who have obtained their official positions in the methods above enumerated, or forced to purchase their rank like the common herd, a necessity with which the more highly-minded among them will never comply,

Foochow naval engagement which the Marquis alludes to distinctly proved that it is not? Was not the commander-in-Chief of the Foochow fleet a literate of the first water, and was not his knowledge of the Chinese classics intimate, and was not he a scholar who had passed his third literary examination with flying colours and finally admitted a member of the Imperial College? But the defeat was not his fault. He could no more help it than, to use a common phrase, could the man in the moon. Where had he been trained in naval warfare, and where had he got his knowledge of naval engagements? Decidedly not from his Chinese Classics which formed the chief subject of his past examinations. And yet he has been punished for circumstances over which he had no control.

So come to the third mode —— Military service. This would be more rational and just were it not for the enormous mass of corruption that surrounds it. Money and not true merit reigns here more than anywhere. Do you want your blue or variegated feather? Fork out your coin, and you shall have it. Wish you to be specially commended for bravery in action? Pay your price and in due time your name shall appear among the bravest of the brave, not wish or expect handsome returns? Several years ago, it was rumoured that the system of purchase had been abolished; but alas! It exists up to the present day.

The first mode is more reasonable and on the face of it, seems to conform to modern ideas; but any one who would take the trouble to enquire into the matter, will see at once that these examinations are entirely worthless as a test of real ability and talent. To be successful in these examinations involves no knowledge of modern science or arts. Success certainly requires a good memory and a close acquaintance with the precepts and sayings of China's ancient sages, most of which are now unfortunately for poor China, better knows than practised. The attendant abuses are numerous and subtle. Money here plays an important part. Favoritism another. Some candidates provide themselves with substitutes, who write for them for substantial consideration; others take into the examination hall large collections of old essays to copy from; while others again ensure their success by resorting to handsome presents. Is this then an effective means of obtaining men of talent and superior qualities? I trow not. Has not the was at once invited to take office, high or low according to his capacity. The invitation was couched in most cordial terms and almost always accompanied with valuable presents. In case of a person or extraordinary merit it was usual for the ruler to go personally to tender his invitations. But this mode has long since gone out of fashion. It was buried with the sages who ruled over China so successfully. Now there are only 2 ways of entering the official circle —— by literary examinations and by purchase. Possibly there is a third; but that way is open to many glaring abuses and is after all more a door leading to promotion than a separate entrance. I refer to the military service.

The second mode of procuring an official position —— i.e. by purchasing —— is rank and vile, and I need not here discuss its attendant evils at any length, since they must be apparent to every one. The longest purse will win the day and the purse will become longer at the expense of the people and to their ruination. One can scarcely blame those who have purchased their ranks for enriching themselves still more by preying on their subjects. Have they not invested their capital, and should they not believe that she is really awake, in spite of the improvements in her Coast Defence, her Army and her Navy.

I will support my contentions in a more practical way. I shall point out that, without complete and sweeping reforms in her internal administration, China can never succeed in carrying out these purposes, and that internal reforms must in every case precede, and cannot come after or accompany such otherwise praise-worthy undertakings.

It will not be denied, I think, that the welfare of a nation, especially where absolute monarchy obtains, is very much in the hands of the officials who are entrusted by its Sovereign to rule over his subjects. On these depend in a large measure the happiness, unity and strength of the people under their sway. By their exalted positions, they are mighty to do good or evil to those around them. How does China choose and promote her all-powerful officers? Formerly, years ago now, there was an excellent way. The Emperor and those in authority opened their ears and cast their eyes over the Empire, and when a person was found renowned for virtue, talent, learning, ability and experience, he reforms in her internal administration. She must not wait for another more convenient season, but begin at once 'to set her house in order', even before 'she feels that she can rely on the bolts and bars she is now applying to her doors'. 如知其非義斯速已矣何待來年 Bad servants are worse than thieves and robbers, while a united household is in itself a strong bulwark against any external ereption. Of what avail are bolts and bars where, in times of danger, no one is found competent or faithful to attend to them.

Listen to the words of your sages. 天時不如地利，地利不如人和，身修而后家齊，家齊而后國治，國治而后天下平，物有本末，事有終始，知所先後，則近道矣。 They are as applicable now as they ever were.

After such considerations is it strange that I should refuse to accept the signs which the Marquis gives us as indicative of the awakening of China. Until I see China earnestly at work pushing on her internal reforms, and thus striking at the roots of these evils that have beset her for ages, evil which have made her what she is —— so weak, so unmanly —— and which were the frequent and sole causes of her numberous humiliations —— I shall before the horse, and the result is certainly not progression but retrogression. This will be the keynote of my criticism, and I shall endeavour to make good my positions.

None will dispute the vast resources of the Chinese Empire, nor is there any one who doubts the unceasing industry and latent strength of her teeming millions. All the materials essential to the building up of a mighty nation are there and in abundance. At the commencement, however, she requires some wise archites and the laying of a firm and lasting foundation. What that foundation is or ought to be one has not to go far to seek. It has been, is, and ever shall be the true foundation of every truly great nation. It may be summed up in a sentence,viz., Equitable rule and right government. China can never be what her many well-wishers fondly desire her to be unless she will first cast aside all her unjust dealings with her own children and learn to dispense justice with an impartial hand, —— to discountenance official corruption in every form and to secure the happiness and unity of her people by a just and liberal policy. In short, befor undertaking anything else, she should look after the all-necessary opening of mines and the introduction of railways'.

This is a full list, and the Marquis is to be complimented on crediting China beforehand with such numerous good intention. But supporting that China intends all these, and will act up to all her intentions, will she succeed without more? Even if she succeed in some measure, will she be considered wide awake and conducting her affairs like a man in the full possession of his senses? No. These objects, though all very desirable in themselves are not to be attained by mere wishes, nor by ill-directed efforts. To China as she is, these objects are part and parcel of her dreams. The exertions and energy which are alleged as being put forward and which she is now persumed to bring to bear, are like the convulsive strugglings of a sleeping man suffering from a night-mare or delirium, utterly illogical and without the shadow of guiding principles. She may chance to hurt some of her neighbouring sleepers or even those who are awake but indiscreetly placing themselves to near and not being continuously on the alert, or, what is more probable, she may injure herself by coming into contact with some substance of unyielding solidity. Put the cart improving her relations with the Treaty Powers, to the amelioration of the condition of her subjects residing in foreign parts to the placing on a less equivocal footing the position of her feudatories as regards the suzerain power, to the revision of the treaties in a sense more in accordance with the place which China holds as a great Asiatic power'. 'China has decided on exercising a more effective supervision on the acts of her vassal princes and of accepting a larger responsibility for them than heretofore. Henceforth, any hostile movements against these countries or any interference with their affairs will be viewed at Peking as a declaration on the part of the Power committing it of a desire to discontinue its friendly relations with the Chinese Government'. 'In the alienation of Sovereign dominion over that part of her territory comprised in foreign settlements at the treaty ports, as well as in some other respects, China feels that the treaties impose on her a condition of things which in order to avoid the evil they have led to in other countries, will oblige her to donounce these treaties on the expiry of the present decennial period; China intends on the establishment of manufactories, the drowsy oblivion. The task I have set myself is a gigantic one. My poor efforts will prove but drops into the ocean. That may be; none the less I wish to raise my voice with no uncertain sound, and, when opportunity occurs, put my shoulder to the wheel along with those who are more highly gifted than I am".

The first question we have to determine is, —— Is the sleeper really awake? The Marquis seems to think that she is, and wide awake too. If so, what are the signs? Here the noble Marquis gives them:-

'Great efforts are being made to fortify her coast and create a strong and efficient navy'; 'China will proceed with her coast defences and organisation and development of her army and navy, without, for the present, directing her attention either to the introduction of railways or to any of the subjects of internal economy; the changes which may have to be made when China comes to set her house in order can only profitably be discussed when she feels she has thoroughly overhauled and can rely on the bolts and bars she is now applying to her doors'. 'The general line of China's foreign policy .... will be directed to extending and

附錄二：

何啓的《中國之睡與醒——與曾侯商榷》

To The Editor of *The China Mail*

Ho Kai（Sinensis）

Sir, —— "l read with great interest in your issue of the 8th instant, a remarkable article on 'China - the Sleep and Awakening' purporting to have been written by the Marquis Tseng, 'which will' (as was there stated) 'appear in the forthcoming number of the Asiatic Quarterly Review'. I do not intend to write exactly a critical review of this truly 'remarkable' article, but I am resolved to take this early opportunity to offer a few humble words in season to the noble Marquis and those who think with him. I have watched over the condition of China with much hope and anxietly. I have long looked forward to her awarkening from her lethargic slumber of centuries with eager earnestness. Consquently the remarks I am about to make are the result of years of study, and with sincerity they are now offered. What heed will be paid to them by those most concerned I know not —— much I do not even dare to hope for;: but surely the time has come for some one, however insignificant, tó attempt the rousing of the all-but-eternal dreamer into activity and to wean her from her chronic state of which were then imposed on her. She had then to agree to conditions and give up vestiges of sovereignty which no independent nation can continue to agree to, and lie out of, without an attempt to change the one and recover the other. The humiliating conditions imposed on Russia with regard to the Black Sea in 1856 had to be cancelled by the Treaty of London in 1871.

In the alienation of sovereign dominion over that part of her territory comprised in the Foreign settlements at the Treaty Ports, as well as in some other respects, China feels that the treaties impose on her a condition of things which, in order to avoid the evils they have led to in other countries, will oblige her to denounce these treaties on the expiry of the present decennial period. China is not ignorant of the difficulties in which this action may involve her, but she is resolved to face them, rather than incur the certainty of some day having to encounter greater ones; evils similar to those which have led to the Land of the Fellah concerning nobody so little as the Khedive.

It behoves China, and all the Asiatic countries in the same position, to sink the petty jealousies which divide the East from the East, by even more than the East is separated from the West, and combine in an attempt to have their foreign relations based on treaties rather than on capitulations.

In her efforts to eliminate from the treaties such Articles as impede her development, and wound her just susceptibilities, without conferring on the other contracting parties any real advantages, China will surely and leisurely proceed to diplomatic action. The world is not so near its end that she need hurry, nor the circles of the sun so nearly done that she will not have time to play the *rôle* assigned her in the work of nations.

regards the Suzerain power, to the revision of the treaties, in a sense more in accordance with the place which China holds as a great Asiatic Power. The outrageous treatment to which Chinese subjects residing in some foreign countries have been subjected has been as disgraceful to the Governments in whose jurisdiction it was perpetrated as to the Government whose indifference to the sufferings of its subjects residing abroad invited it. A Commission has recently been appointed to visit and report on the condition of Chinese subjects in foreign countries, and it is hoped that this proof of the interest which the Imperial Government has commenced to take in the welfare of its foreign-going subjects will suffice to ensure their receiving in the future the treatment which by the law of nations and the dictates of humanity is due from civilized nations to the stranger living within their gates.

The arrangements for the government of her vassal States, which, until the steamer and the telegraph brought the east and the west so near, had been found sufficient, having on different occasions of late led to misunderstandings between China and Foreign Powers, and to the loss of some of the most important of her possessions, China, to save the rest, has decided on exercising a more effective supervision on the acts of her vassal Princes, and of accepting a larger responsibility for them than heretofore. The Warden of the Marches is now abroad, looking to the security of China's outlying provinces—of Corea, Thibet, and Chinese Turkestan. Henceforth, any hostile movements against these countries, or any interference with their affairs, will be viewed at Peking as a declaration, on the part of the Power committing it, of a desire to discontinue its friendly relations with the Chinese Government.

It is easier to forget a defeat than the condition of things resulting from it; the blow, than the constant falling of the fists. Any soreness which China may have experienced on account of events in 1860 has been healed over and forgotten long ago, but it is otherwise with the treaties of internal economy which, under the altered circumstances of the times, may be necessary, and which she feels to be necessary; for, unlike Turkey, she will not fall into the mistake of thinking that when she has got a few ships and a few soldiers licked into form, she has done all that is required to maintain her position in the race of nations. The strength of a nation is not in the number of the soldiers it can arm and send forth to battle, but in the toiling millions that stay at home to prepare and provide the sinews of war. The soldiers are but the outer crust, the mailed armour of a nation, whilst the people are the living heart that animates and upholds it. Turkey did not see this, though it did not escape the keener vision of that Indian Prince who, when looking down on the little British force opposed to him, exclaimed, "It is not the soldiers before me whom I fear, but the people behind them—the myriads who toil and spin on the other side of the Black Water."

It is not the object of this paper to indicate or shadow forth the reforms which it may be advisable to make in the internal administration of China. The changes which may have to be made when China comes to set her house in order, can only profitably be discussed when she feels she has thoroughly overhauled, and can rely on, the bolts and bars she is now applying to her doors. It is otherwise with her foreign policy. Of the storms which ever and again trouble the political world, no nation is more master than it is of those which, from time to time, sweep over its physical horizon. Events must be encountered as they arise, and fortunate is the nation that is always prepared for them, and always ready to "take occasion by the hand." The general line of China's foreign policy is, for the immediate future, clearly traced out. It will be directed to extending and improving her relations with the Treaty Powers, to the amelioration of the condition of her subjects residing in foreign parts, to the placing on a less equivocal footing the position of her feudatories as more particularly with England, been so sincerely friendly. At no time have their just demands been received with such consideration, and examined with such an honest desire, to find in them grounds for an arrangement. China will continue the policy of moderation and conciliation which has led to this happy result. No memory of her reverses will lead her to depart from it, for she is not one of those Powers which cannot bear their misfortunes without sulking. What nation has not had its Cannæ? Answer: Sadowa, Lissa, and Sedan. China has had hers, but she is not of opinion that it is only with blood that the stain of blood can be wiped out. The stain of defeat lies in the weakness and mistakes which led to it. These recovered from and corrected, and its invulnerability recognized, a nation has already reburnished and restored the gilding of its scutcheon.

Though China may not yet have attained a position of perfect security, she is rapidly approaching it. Great efforts are being made to fortify her coast and create a strong and really efficient navy. To China a powerful navy is indispensable. In 1860 she first became aware of this, and set about founding one. The assistance of England was invoked, and the nucleus of a fleet was obtained, which, under the direction of Admiral Sir Sherrard Osborn, one of the most distinguished officers of the Royal Navy, would long ere now have placed China beyond anything save a serious attack by a first-class naval Power, had it not been for the jealousies and intrigues which caused it to be disbanded as soon as formed. Twice since 1860 China has had to lament this as a national misfortune, for twice since then she has had to submit to occupations of her territory which the development of that fleet would have rendered difficult, if not impossible.

China will steadily proceed with her coast defences and the organization and development of her army and navy, without, for the present, directing her attention either to the introduction of railways, or to any of the other subjects he must be strangely ignorant of the outrages committed on Chinese, and of the exceptional enactments directed against them, to which the Press and the Statute Book have so often borne testimony within the last three or four years. But, to render justice where justice is due, a disposition has of late been manifested by foreign governments to give Chinese adequate protection against the rowdy elements of their population, and to recognize the right of Chinese subjects to the same immunities as those which by the law of nations are accorded to the subjects of other Powers. The United States Government on a recent occasion energetically suppressed a hostile movement directed against Chinese, and awarded to them compensation for the losses to which they had been subjected. But if neither a spirit of aggression, springing from and nurtured by the consciousness of returning strength, nor the necessity of an outlet for a surplus population, is likely to endanger the good relations which now exist between China and the Treaty Powers, is it equally certain that a desire on the part of China to wipe out her defeats is not to be dreaded? Such was not the opinion of many who watched the course of events during the Franco-Chinese struggle for the possession of Tonquin. On every side we used then to hear it said, even in circles which took the Chinese side, that it would be disastrous to foreign relations should France not emerge from it completely triumphant. Success, it was maintained, would intoxicate the Chinese, make them overbearing and impossible to deal with. But has this been the case?

China laughed to scorn the demands of France for an indemnity, exacted the restoration of her invaded territory, and made peace in the hour of victory. Did this make China proud? Yes, proud with a just pride. Did it change her bearing, or make her less conciliating in her intercourse with the foreign Powers? No. At no time since her intercourse with the West commenced have her relations with the Treaty Powers, and colonization of these immense outlying territories has become indispensable. And recognizing this, the Imperial Government have of late been encouraging a centrifugal movement of the population in certain thickly inhabited portions of the empire. But the occupation of waste lands is not the only agency to absorb any overflow of population which may exist in certain provinces. Another and a more permanent one will consist in the demand which will soon be afforded by the establishment of manufactures, the opening of mines, and the introduction of railways. The number of hands which these industries will employ can only be conceived when we remember that hitherto they have contributed nothing to the support of the country, and that were they developed to only a tithe of the extent to which they exist in Belgium and England, amongst a population of 300 millions, the number of mouths they would feed would be enormous. These considerations will explain the indifference with which the Chinese Government have received the advances which at different times and by various Powers have been made to induce China to take an active part in promoting emigration and engagements for the supply of labour. But, even had these reasons not existed, the outrageous treatment which Chinese subjects have received, and in some countries continue to receive, would have made the Imperial Government chary of encouraging their people to resort to lands where legislation seems only to be made a scourge for their especial benefit, and where justice and international comity exist for everybody, bond and free, except the men of Han. Were it not for the onesided manner in which, in some of these countries the law is administered, one might think, from their benevolent dispensation with the *lex talionis*, that the millennium was at hand there. There is no question of an eye for an eye, or a tooth for a tooth, excepting when the unfortunate offender belongs to the nation of the almond eye.

If any one should consider this language is too strong,

high price to pay for the lesson we there received, but not too high if it has taught us how to repair and triple fortify our battered armour; and it has done this. China is no longer what she was even five years ago; each encounter, and especially the last, has, in teaching China her weakness, also discovered to her her strength.

We have seen the sleep; we come now to the awakening. What will be the result of it? Will not the awakening of 300 millions to a consciousness of their strength be dangerous to the continuance of friendly relations with the West? Will not the remembrance of their defeats and the consciousness of their new-discovered power make them aggressive? No; the Chinese have never been an aggressive race. History shows them to have always been a peaceful people, and there is no reason why they should be otherwise in the future. China has none of that land-hungering so characteristic of some other nations—hungering for land they do not and cannot make use of—and, contrary to what is generally believed in Europe, she is under no necessity of finding in other lands an outlet for a surplus population. Considerable numbers of Chinese have at different times been forced to leave their homes, and push their fortunes in Cuba, Peru, the United States, and the British Colonies; but this must be imputed rather to the poverty and ruin in which they were involved by the great Taiping and Mohammedan rebellions than to the difficulty of finding the means of subsistence under ordinary conditions. In her wide domains there is room and to spare for all her teeming population. What China wants is not emigration, but a proper organization for the equable distribution of the population. In China proper, particularly in those places which were the seats of the Taiping rebellion, much land has gone out of cultivation, whilst in Manchuria, Mongolia, and Chinese Turkestan, there are immense tracts of country which have never felt the touch of the husbandman.

Not only for economical, but for military reasons the

than these. Wherever they came they wished to stay. Submissive at first, they engaged in trade with our people, and tempted them with strange merchandize. It was not long before troubles arose which showed that the white trader could fight as well as buy and sell. The Treaty of Nankin, in 1842, which was the result of these troubles, opened four more doors in the wall of exclusiveness with which China had surrounded herself. Amoy, Foochow, Ning Po, and Shanghai were added to Canton, thus making five points of touch between China and the West. This did something to rouse China from the Saturnian dreams in which she had been so long indulging; but more was wanting to make her wide awake. It required the fire of the Summer Palace to singe her eyebrows, the advance of the Russian in Kuldja and the Frenchman in Tonquin, to enable her to realize the situation in which she was being placed by the ever-contracting circle that was being drawn around her by the European. By the light of the burning palace which had been the pride and the delight of her Emperors, she commenced to see that she had been asleep whilst all the world was up and doing; that she had been sleeping in the vacuous vortex of the storm of forces wildly whirling around her. In such a moment China might have been excused had she done something desperate, for there is apt to be a good deal of beating about and wild floundering on such a sudden awakening; but there was none in the case of China. A wise and prudent prince counselled China to pay the price of her mistakes, whilst the great Chinese statesman who is now in power, and who, since 1860, has rendered such incalculable services to his country, began that series of preparations which would now make it difficult to repeat the history of that, for China, eventful year. It is not a moribund nation that can so quietly accept its reverses, and, gathering courage from them, set about throwing overboard the wreckage, and make a fair wind of the retiring cyclone. The summer palace, with all its wealth of art, was a opinion of a distinguished diplomatic agent writing of China in 1849: "With a fair seeming of immunity from invasion, sedition, or revolt, leave is taken to regard this vast empire as surely, though it may be slowly, decaying."

This was the opinion of a writer whose knowledge of China and its literature is perhaps unequalled, and certainly not surpassed; nor was he alone in entertaining such an opinion at the date on which he wrote, for by many it was then considered that the death of Tau Kwang would severely try, if not shake the foundations of the empire. But, as events have shown, they who reasoned thus were mistaken. China was asleep, but she was not about to die. Perhaps she had mistaken her way, or, what is just the same, had failed to see that the old familiar paths which many centuries had made dear to her did not conduct to the goal to which the world was marching.

Perhaps she thought she had done enough, sat down and fallen asleep in that contemplation which, if not always fatal, is at least always dangerous—the contemplation of her own greatness. What wonder if she had done so? Everything predisposed to such an attitude of mind. The fumes of the incense brought by many embassies from far-off lands, the inferiority of the subject races that looked up to her, the perfect freedom from the outer din ensured to her by the remoteness of her ample bournes—all predisposed her to repose and neglect to take note of what was passing in the outer world. Towards the end of the reign of Tau Kwang, however, the sleeper became aware that her situation scarcely justified the sense of security in which she had been reposing. Influences were at work, and forces were sweeping along the coast very different from those to which China had been accustomed. Pirates and visitations of Japanese freebooters had occasionally disturbed the tranquillity of certain places on the seaboard; but the men who now began to alarm the authorities were soon found to be much more redoubtable

附錄一：

曾紀澤的《中國先睡後醒論》

CHINA
The Sleep and The Awakening

Marquis Tseng.

THERE are times in the life of nations when they would appear to have exhausted their forces by the magnitude of the efforts they had made to maintain their position in the endless struggle for existence ; and, from this, some have endeavoured to deduce the law that nations, like men, have each of them its infancy, its manhood, decline, and death. Melancholy and discouraging would be this doctrine could it be shown to be founded on any natural or inevitable law. Fortunately, however, there is no reason to believe it is. Nations have fallen from their high estate, some of them to disappear suddenly and altogether from the list of political entities, others to vanish after a more or less prolonged existence of impaired and ever-lessening vitality. Among the latter, until lately, it has been customary with Europeans to include China. Pointing to her magnificent system of canals silted up, the splendid fragments of now forgotten arts, the disparity between her seeming weakness and the record of her ancient greatness, they thought that, having become effete, the nineteenth-century air would prove too much for her aged lungs. Here is the